佐賀偉人伝 15

古賀穀堂

生馬寛信 著

佐賀偉人伝15　古賀穀堂目次

はじめに

佐賀藩は強力な洋式軍事力を発揮し、明治新政権成立に貢献した。さらに新時代に活躍の場を与えられた佐賀人は、政治、財政、外交、司法、産業、教育、医療、福祉、学問、芸術など、多分野において近代日本創成の礎を築いた。進取の気象に富み、智力、構想力、物事を最後までなしとげる責任感をもつ優秀な人材を多く輩出した。天保時代からの藩政改革と、西洋科学技術や軍事技術の研究と導入が功を奏したといえるが、その基盤には藩政時代の人材育成システムがあった。佐賀藩は他藩に先駆けて教育システムを整え、教育重視のエートスを醸成し、人材を育て、質実剛健の気風や智力、技術力を育てていった。

教育システムをハード面でみると、学校設置とその制度が問題となる。佐賀藩では本藩士層、支藩士層、陪臣層それぞれを対象に、藩内くまなく学校が設置され、それぞれの層に応じて就学が強制されていた。幕末期には文武学校の他に、医学、蘭学、軍事、英学といった多種類の学校、研究機関が効率よく設置されていた。ソフト面では、教育効果を左右する施設設備、教育課程、教育方法、学校組織、試験制度などが問題となる。佐賀藩教育の拠点弘道館は、文武両道で手明(てあき)鑓(やり)以上の本藩士全員を就学させる総合学園であり、複合等級制のもと、段階に応じた教育課程と教育方法を採用し、優秀な教員陣が教育指導にあたった。公明公

古賀穀堂肖像（部分）／佐賀県立博物館蔵

正な達成基準に基づく試験制度があった。

しかし、システムはあくまでも形であって、運用するのは人であり、人と人との関係が重要である。精魂込めて教育しなければ、生徒は学ぶ意欲を持たないし、教育効果はあがらない。

佐賀藩には古賀穀堂（こがこくどう）を中心に、輔佐する同僚、教師たちがいた。穀堂は早くから学制刷新を企図し、時代を先取りした教育システムを構想し、その実現への道筋を整え、藩政のリーダーとなる十代藩主鍋島直正（なべしまなおまさ）を精魂込めて育て輔相した。直正は為政者として時代の政治課題と教育課題を的確に把握していた。家臣や領民を治め、教育する意義をよく理解し、自ら学問に励んだ。穀堂が構想したシステムを実現し、藩政と学政をリードした。改革をめざす同志たちが穀堂と直正に協働した。教育者たちも生徒教導に努め、生徒たちも懸命に学んだ。システムに基づいた人と人との魂のこもった関係が、「佐賀藩の教育力」の源だった。

本書は、古賀穀堂の政治教育思想、教育活動、藩主への教育、行政実務、藩政や学政の改革、それによってできあがった教育システムの特色について述べるが、穀堂の人間的魅力にも目を向けたい。柔らかく豊かで、一方でストイックな人間味がある穀堂だからこそ発揮できた教育力だったからである。

第一章　古賀穀堂とはどんな人か

三つの顔

古賀穀堂は安永六年（一七七七）十二月五日、佐賀藩の儒者古賀精里の長男として佐賀に生まれ、天保七年（一八三六）九月十六日、佐賀で没した。行年六十歳。佐賀市街北方に位置する金立の静古館跡地に埋葬されている。名は燾、字は溥卿。幼名は文太郎、寿太郎、通称は敬一、太郎右（左）衛門、一左衛門、修理、藤馬。穀堂、清風堂、琴鶴堂、潜窩、頑仙、花顚などと号した。

穀堂は三つの顔をもっていた。第一には儒学者、文人だった。朱子学を信奉し、聖賢の書の奥旨を解明することに努めた。章句に拘泥することなく、広く諸史を渉猟し、将来への展望に基づいた治乱の大勢を考えた。新たな経書解釈や理論展開にはあまり興味を示さなかったが視野は広く、他学派を排斥しなかった。洋学、医学、実用学、国学、また佐賀についての研究にも理解があり、弘道館でそれらを積極的に導入することを提唱した。自ら朱子学を体現した実践者であり、口先で人に道を説教したがるような学者ではなかった。

第二に教育者である。弘道館教諭として直接生徒の教育指導にあたり、教授に進むと学長として学校経営の総括責任にあたった。また弘道館、ひいては佐賀藩内の教育の将来への展望を具体的に提示した。それは次の時代の社会変化と教育課題を的確に把握したものだった。さらには次代の藩政指揮官となるべき世子貞丸を傅育し、その素質を開花させ、英知、気力、洞察力、責任感、実行力、先進性、統率力を具現した、まれに見る英邁な藩主に育て上げた。

第三に藩政の執政官だった。文化年間の弘道館教授時代は、九代藩主斉直に厳しい献策をし一目は置かれたが、その意見がとりあげられることはほとんどなかった。しかし、天保元年（一八三〇）に直正が襲封してからは、藩政の指揮をとる直正の相談役筆頭、年寄役として改革遂行を輔相し、直正を激励鼓舞した。有能な側近者たちを束ね、目的実現に向けて一致協力させた。

穀堂の三つの顔である学者、教育者、執政官は三位一体で、みごとに統合されていた。学問と政治は一体であり、教育者の責任は重大である、という父精里の政治観、学問観、教育観を、穀堂は忠実に受け継いだ。

弘道館の教育は、藩に忠誠で仁義忠孝の徳と武芸を修得した有用な人材を養成することを目的とした。施政と行政は、単なる俗世的な施政権力、行政権力の行使ではない。治国平天下と安民を目指す道徳的行為でなければならない。穀堂は学者であり、学問によって修得した仁義道徳を治国平天下実現のために施政する行政官であった。

穀堂は、学問や道徳、人格を磨くことに常に努力したが、けっして独善的では

穀堂古賀先生墓碣拓本／公益財団法人鍋島報效会蔵

穀堂古賀先生墓碣（佐賀市金立）

なかった。穀堂は寛容であり、人を引きつける魅力と豊かな人間性をもった人物だった。それだからこそ、人を教育し、動かすことができたのである。

穀堂についての人物評

穀堂は包容力のある懐の深い、心情豊かな、柔らかい感性をもった人だった。書簡や日誌を読むと、学者仲間や藩士、一般世人とも交遊し、自宅を訪問する同僚や部下を胸襟を開いて受け容れている。親兄弟や子供たちの健康や行く末、友人たちの安否も常に気遣った。知行地の被官や百姓と酒を酌み交わし歓談した。事の善悪の基準に揺らぎはなく、他人の見解や行動、実行成果を評価し、批判することはあるが、人格軽侮や否定の言葉はほとんど見えない。

以下、いくつか、古賀穀堂についての人物評をあげてみよう。

穀堂は度量が大きく包容力があり、清濁あわせ呑むところがあった。これに対し、うわべだけの博愛で、黒白を曖昧にしていると疑う者がいたが、人物の鑑識眼に優れ、倫理を破壊し風俗を紊乱（びんらん）する輩を見抜いて遠斥した。かの大塩平八郎はかつて盛名をはせ、衆人は口をそろえて褒め称えたが、ひとり先生のみは終末を予見し、先生の死後、それは証明された。

家にあって穀堂は、毎朝寅（四時）に起床し、沐浴して書を読み字を写し、公私の事務を処理した。午後、役所から帰宅し客に会して談論風発、夜に至っても疲れ倦むことを知らなかった。

（古賀侗庵「穀堂古賀先生墓碣」天保十四年五月、訳）

父は兄弟仲がよかった。長兄の穀堂は豪放で、来客があると喜んで散財したので、父侗庵が援助した金額は百両に近かったが、少しも胸に支えることはなかった。長兄が江戸に来て父の家に泊まるたびに、必ず同室で夜まで長話をし、野に遊んだり、詩文の会をしたり、いつも一緒で、兄弟の楽しさ、友情といったものは、言葉で言い表せないものがある。二番目の兄もそうである。二人の兄が時として祖父精里の不興を買うと、いろいろ取り繕って叱られるのを免れさせた。

この当時、長兄は英才として西国で名を知られ、次兄は儒吏として藩に抜擢されていた。父侗庵は純粋至正の学問によって、幕府で教鞭を振るっていた。日本中で喧（かまびす）しく劉家（古賀家）の兄弟のことを言わない者はなかった。しかし父侗庵は謙遜していつも言っていたことは、「長兄は天分がひじょうに高く、その努力修行は、私は十分の一にも満たない。そして既に確立した所があれ程高い。私は結局、長兄に及ばないだろうと」と。

（古賀茶渓「先考侗庵府君行述」弘化四年九月、梅澤秀夫訳）

惟（おも）ふに穀堂の教育は文字の教育ではなかつた、武芸の錬磨ではなかつた、実に彼（鍋島直正）我（穀堂）の人格を融合せしむる教育であつた、是（これ）が真の教育ではあるまいか、是が先生たり弟子たるものゝ好模範ではあるまいか。

（西村謙三『古賀穀堂先生小伝』一九三五年）

父精里、弟侗庵が江戸において、同時に昌平校教官としての栄誉に包まれているのを、悠々と見送っていた穀堂は、人に追い抜かれることを、何の苦痛とも感じない性分だった。……彼は自己形成の重要な時期を、呑気と病気とによって空費してしまった、と自己批判しているのである。

そのように悠々として、人生の後列について行ったように見える人物は、しかし、単なる庸材ではなかった。佐賀藩における穀堂の名は、決して一族を恥かしめるものではなく、藩侯の信任も篤く、年寄役に進み、禄五百石を食(は)んで終ったのである。世間的には成功した人生である。ただそのために刻苦することをしなかっただけなのである。

彼は山陽（頼）のような激しい競争心の所有者ではなかった。だからその詩文には、感情の放蕩は見られない。又、小竹（篠崎）のようなよく気の廻る処世家でもなかった。だから、その書くものに、俗物的な卑しさもない。

それ故、『穀堂遺稾抄』八巻は、まことに落ちついた、上品な、快い読物となっている。読んでいる間に、人は人生と和解することの安らかさ、心の平和の愉しさについて教えられ、しかもその境地に達するためには、いささかの妥協の必要もない、ということを知るだろう。ただ穀堂となるに必要な唯一のものは、心の美しさ、それも古典的なストア的な美しさである。

（中村真一郎『頼山陽とその時代』一九七一年）

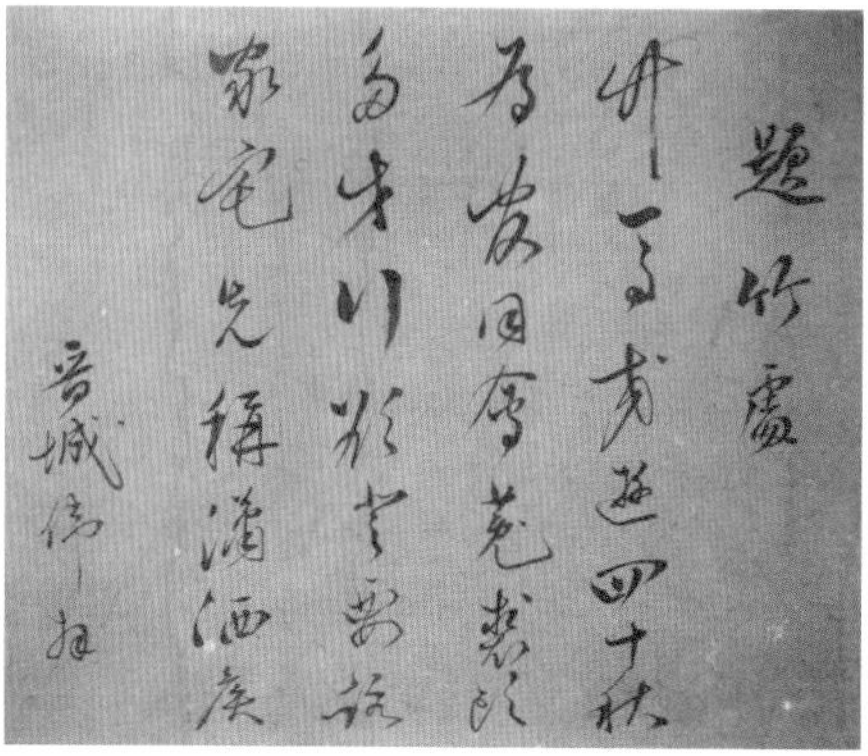

洪晋城書「題竹処」
『佐賀先哲遺墨集』肥前古書刊行会

第二章　古賀家の人々と友人たち

古賀家の人々

古賀家の祖先は漢の高祖の末裔とされ、それで本姓を劉と称した。わが国に帰化し、子孫は甲斐国、筑後三潴、佐賀と移り、龍造寺家を経て鍋島家に仕えるようになった。祖父忠能（良忠）は寛政九年（一七九七）に没したが、穀堂の印象には強く遺っており、慈愛深く、当時松原にあった弘道館に通学する幼い穀堂を北堀端まで送ってくれたと回顧している（「穀堂私記」）。

父は佐賀藩の儒者古賀精里、母は光増竹右衛門の娘で伊予といい、賢明な女性だったという。穀堂はその長男で、次男が洪晋城、三男が古賀侗庵である。天下はこの三兄弟を称して「劉家の三鳳」という。

穀堂の父精里、弟洪晋城、次弟侗庵、息子素堂、甥茶渓について一望してみる。

古賀精里は、寛延三年（一七五〇）佐賀郡古賀村で生まれた。諱は樸、字は淳風、弥助、号は精里。幼いころから勉学を好み励んだが、当時の佐賀の風潮は学問を軽視し、両親も体を悪くすることをおそれて書を読むことを禁じた。そこで、

頼春水肖像（杉ノ木資料）
頼山陽記念文化財団蔵

家人の寝静まった夜中に起きて、衣で行灯を掩って毎夜勉学したという。安永三年（一七七四）、京都・大坂に遊学し、はじめ陽明学を好んだが、京都で福井小車、西依成斎に学び、大坂滞在中に尾藤二洲、頼春水と親交をもち、朱子学を主とするようになった。帰国後、藩政に参加し、藩校制度の整備に努め、弘道館設立に尽力し、その教授となった。弘道館規則は精里の手になる。

寛政四年（一七九二）、幕命により江戸昌平坂学問所に出講、同八年に幕府の儒者に任ぜられた。柴野栗山、尾藤二洲とともに、学政の推進にあたる。「朱子正学派」「後期朱子学派」を代表する。寛政三博士の一人。文化七年（一八一〇）対馬に赴き対韓交渉に当たり、翌年も林述斎とともに韓使と折衝した。精里の学問は博く、朱子学を主としたが、硬直した朱子学の山崎闇斎は喜ばなかった。森銑三は人となりについて、「精里はまじめな人だった。少しまじめすぎるほど、まじめであった。人の不善を見ては容赦なく責めた。しかし陰では決して言わなかった。友を選ぶのに厳重で、口先の学問ばかりあって行いのない者を唾棄した。最もおべっか屋を悪んだ。無駄口を聞かず、妄りに言笑しなかった」といっている。書も雅健の趣がある。文化十四年（一八一七）五月六日に六十八歳で没した。

洪晋城は、天明元年（一七八一）生まれ。名は煒、安胤。通称は助右衛門。号は晋城。古賀家を出て洪氏の後を継ぎ、藩の内相となる。洪家は帰化人の後裔で、先祖は藩祖直茂の近侍で学者の洪浩然。晋城は治茂、斉直、直正に歴事し、信任厚く、非常の名誉を担った。兄穀堂とは数日ごとに往来歓談し、ともに直正の藩政改革着手に尽力したが、天保三年（一八三二）九月二十三日に五十二歳で志半

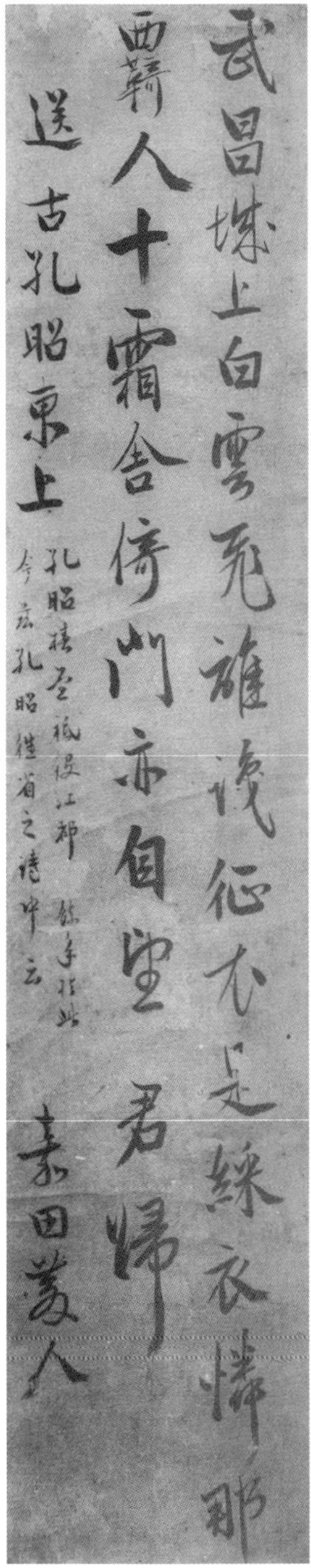

中村嘉田書「送古孔昭東上」／『佐賀先哲遺墨集』肥前古書刊行会

ばで病没した。

古賀侗庵は、天明八年（一七八八）一月二十三日生まれ。名は煜（あきら）、字は季曄。通称は小太郎。侗庵、紫溟（しめい）、蠖屈居（かっくつきょ）、古心堂、また晩年には黙釣道人（もくちょうどうじん）と号した。佐賀に生まれ、父精里に教えを受けた。寛政八年（一七九六）、精里が幕府に召し出され昌平坂学問所の儒官になったとき九歳であったが、父に従って江戸に移り、さらに勉学を重ねた。文化六年（一八〇九）幕府の儒者見習に抜擢されて、昌平黌に出仕し、以後儒官として重きをなした。諸子百家を渉猟して学力高く、博覧強記の人であった。朱子を遵奉していたが、その疑義誤謬も認めていた。昌平黌で講説するかたわら佐賀藩江戸藩邸内の明善堂（めいぜんどう）にも出講した。文化年間、ロシア人のエトロフ島襲撃事件から対外的な危機意識を抱き、海外情報を広く収集して『擬極論時事封事』（文化六年）、『海防臆測』（天保九年）などの海防論も著わした。公平無私、寛容温厚な人柄で、生徒たちの自由闊達な意見表明

古賀家系譜

古賀精里
- 穀堂 ― 素堂（大一郎）
- 洪晋城
- 侗庵 ― 茶渓

や討論を許した。侗庵は常日ごろ、天分は穀堂兄に到底及ばないと言っていたが、大量の書物を著わし当代一流の学者となった。精里、侗庵、茶渓の幕府儒官古賀家三代の外交論の開明性が、近年、学界で大いに注目されている。弘化四年（一八四七）一月三十日に六十歳で没した。

古賀素堂は、文化八年（一八一一）十二月十九日生まれ、通称は大一郎。初め弘道館で主に中村嘉田から教えを受け、のち肥後に遊学し、さらに江戸の昌平黌に学んだ。帰国後、藩校弘道館教諭に任じられ、ついで教授となる。人となりは気宇闊達、意気虹の如く、その志は文字にこせこせしない。安政五年（一八五八）七月に四十八歳で没した。

古賀茶渓は、文化十三年（一八一六）十一月十一日生まれ、幕臣。名は増、字は如川。通称は謹一郎、欽一郎。号は茶渓、謹堂、沙蟲、沙翁、憂天生。江戸の人。幼少より儒学を学び、弘化三年（一八四六）小姓組などを経て儒官となる。また洋学も修め、嘉永・安政年間（一八四八～六〇）、外国使節の応接掛として外交に関与。蕃書調所頭取などから大坂町奉行となるが、病のため辞す。のち製鉄奉行、目付などを歴任。慶応三年（一八六七）従五位下。筑後守。明治元年（一八六八）徳川慶喜に従い静岡に移住、のち東京に戻ったが明治政府には仕官しなかった。明治十七年（一八八四）十月三十一日に六十九歳で没した。

息子大一郎

古賀精里は幕臣となったので、佐賀の古賀家の家督は忠能（良忠）から穀堂が

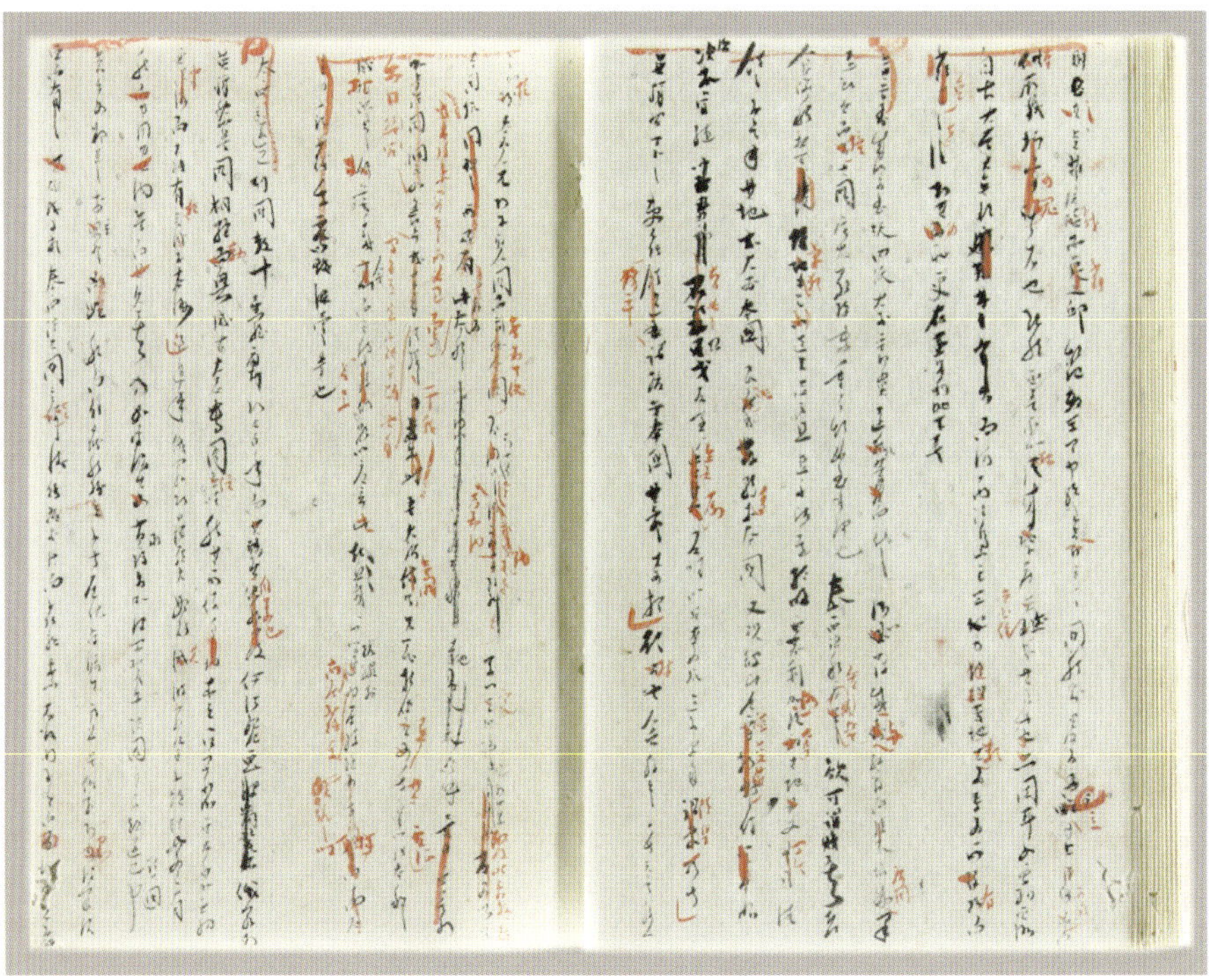

古賀侗庵『海防臆測』（自筆本）／長崎大学附属図書館経済学部分館蔵

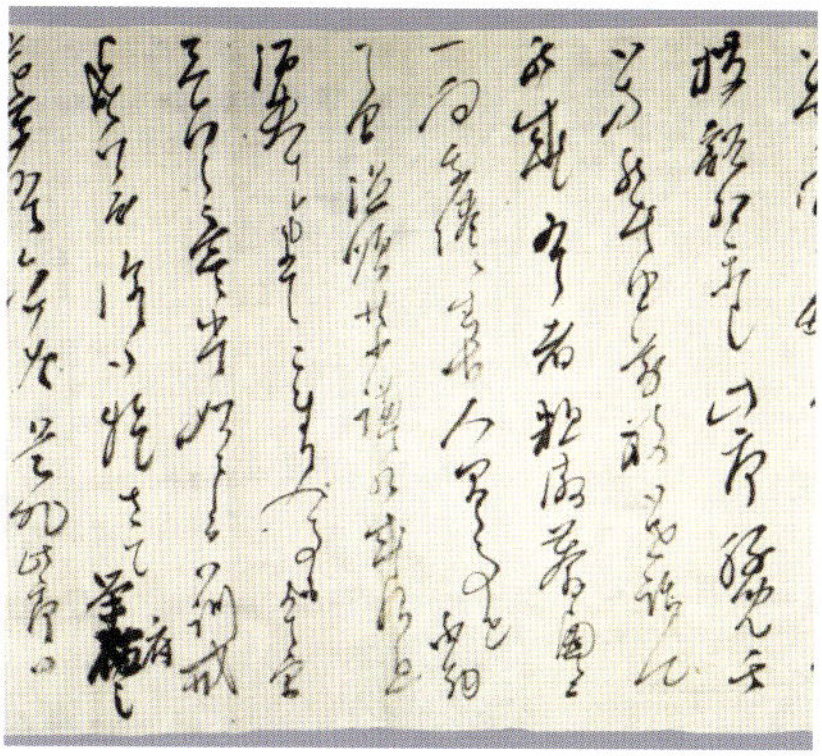

古賀穀堂：草場佩川宛書翰（部分）
多久市郷土資料館蔵

嗣いだ。穀堂は祖父母、父母に孝養をつくし、兄弟姉妹に対しても親しく接した。穀堂日記からは、祖父母、父母、そして兄弟への麗しい愛情を感じとれる。息子大一郎には親として心痛したが、見放さず親の愛情を注いだ。娘は婚家で病死するが、婚家への礼節も欠かさなかった。名門古賀家の正月には、親類縁者、知人、被官など数百人が年賀に訪れた。穀堂の江戸上府出立や帰国、大一郎の遊学出立のときも親類が集まっている。穀堂は佐賀古賀家の頭領として威厳を保っていた。

佐賀藩世子を立派に傅育している穀堂だが、息子大一郎のことは思い通りに行かなかった。穀堂は草場佩川に悩みを吐露している。文章内容や長崎出張予定日から、文政十三年（天保元年・一八三〇）六月十八日、大一郎二十一歳のときの書翰と推測できる。

> 此節豚児（大一郎）其御方罷出候由、万般御世話罷成る可く候、右の者粗激莽鹵（粗略にあつかうこと）にて一向我儘に生長、人間（人の世）の事を解せず候間、温順恭謙に相成候様、且酒失なども之有り、こまり入事も之有り候間、足下の意に出候如にして、御訓戒成し下され度、深々御頼候。

この書翰の前、穀堂が江戸にいた文政十一年ごろの書翰では、「豚児は一刻もよび寄申す可きの処、洪弟（洪晋城）などの振合、此元の困窮等にて先見合申し居り候」とあり、このとき大一郎の江戸遊学は実現しなかった。

だが穀堂は大一郎を見捨てない。佐賀に帰ってからの穀堂は大一郎とよく語り

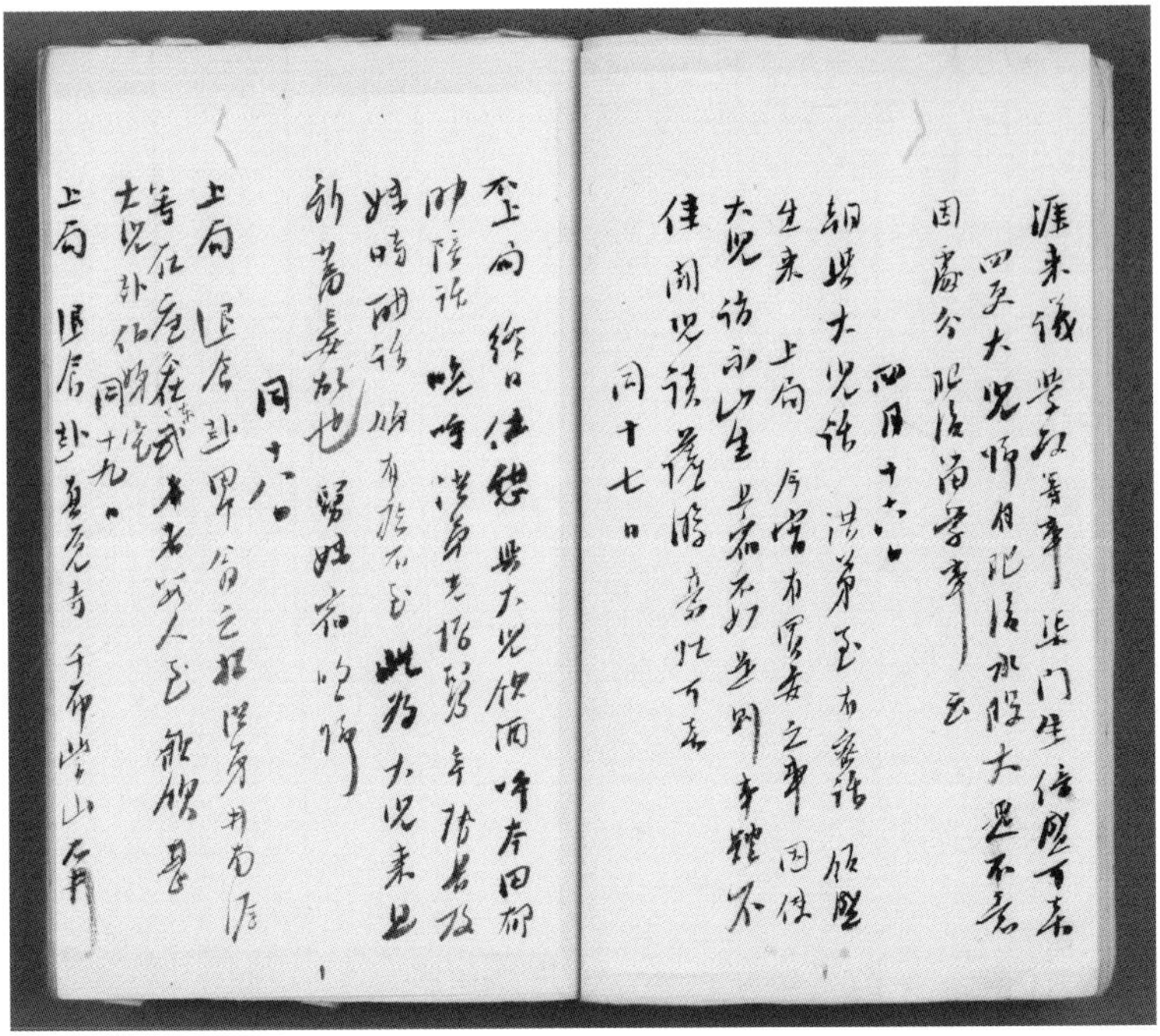

『琴鶴草堂日暦』天保二年四月十六日条／公益財団法人鍋島報效会蔵

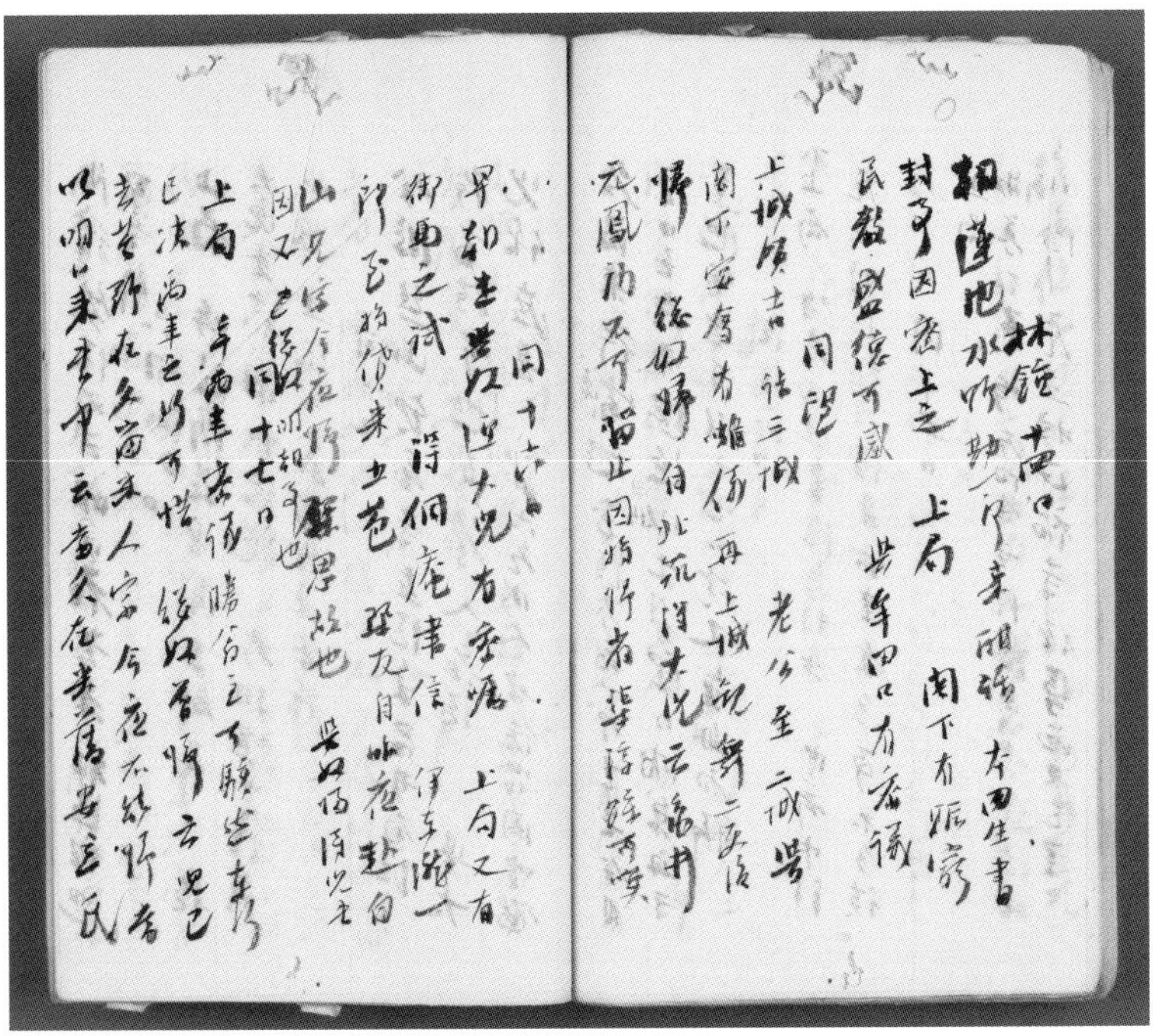

同六月十五日条

古賀茶渓／『古賀謹一郎』ミネルヴァ書房

合い、大一郎の動静や通信などを日記にこまめに記している。大一郎は天保元年八月一日に熊本に出立、藩儒の最重鎮である辛島塩井（からしまえんせい）に入門した。その前数日は、親類や洪晋城などが集まって歓送会を催し、金銭的援助も受けている。藩士原五郎左が同遊し何かと気遣いをしてくれた。大一郎は一時病気帰郷したが、ほぼ順調に修業した。天保二年三月から辛島が藩主に従って東行する事態となるが、穀堂は佐賀は風習不正、肥後は質直と考え、辛島不在でも肥後に滞在させることを望んだ。大一郎も納得したが、実際は肥後、福岡、久留米などを動きまわり落ち着かなかった。薩摩旅行談を聞いて豪壮を喜んだり（『琴鶴草堂日暦』天保二年四月十六日条）、「渠（かれ）の浮躁嘆くべし」（同右六月十五日条）と心配したりと、親ごころは複雑である。

　天保二年八月、大一郎は肥後から帰郷、九月十五日に念願の江戸遊学が決まった。穀堂もほっとしたことだろう。直正の上府に随従し、穀堂は九月二十二日に佐賀を発つ。そのとき大一郎の同行は叶わなかったが、大一郎は翌三年二月十九日に江戸到着、二月二十三日に昌平黌書生寮に入学した。ここでは落ち着いて勉学に励んだようである。天保四年五、六月に大一郎が奥羽、松前に遊んだことを、穀堂は喜んでいる。天保六年閏七月には越中富山など北陸を遊行している。やがて江口氏を娶（めと）り、江戸留守居役を勤め、佐賀に帰郷し、弘道館教諭、長崎聞役などを勤め、嘉永五年（一八五二）八月に弘道館教授に昇進して、大穀堂先生の後を嗣ぐことができた。

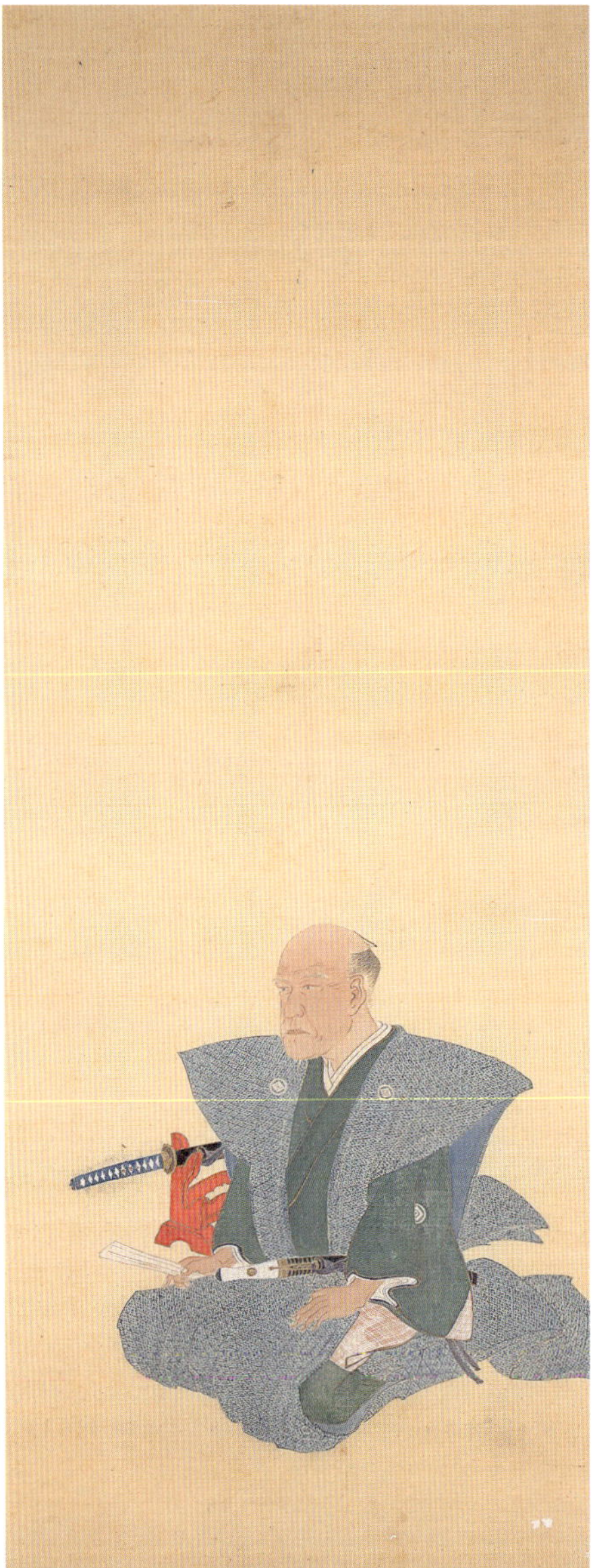

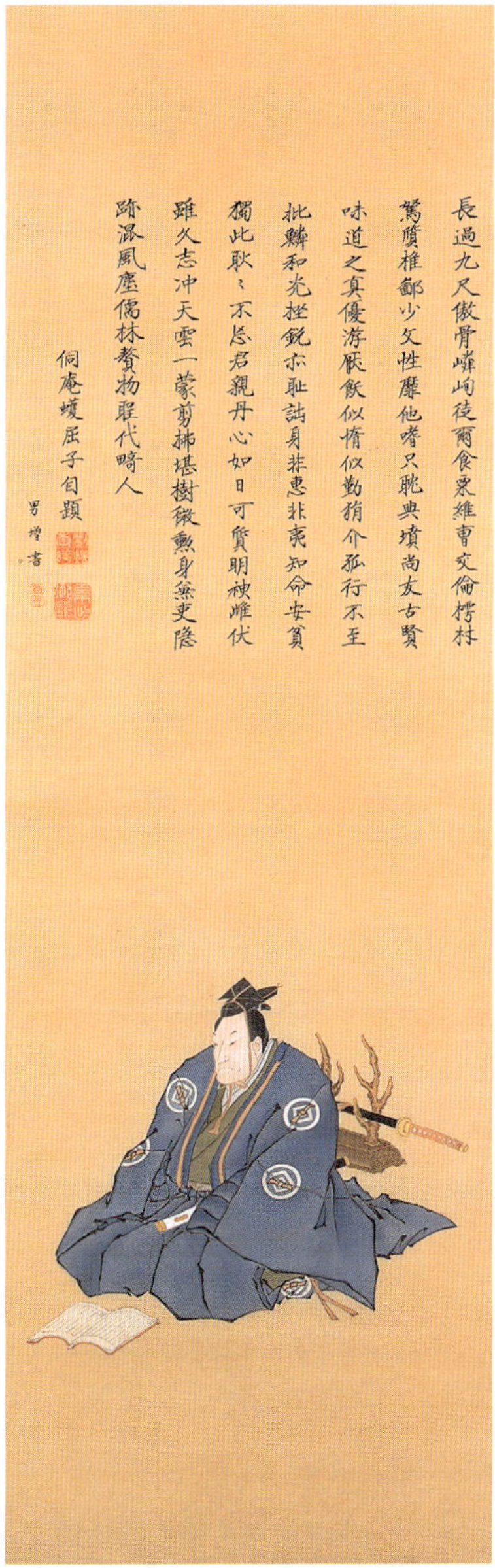

古賀精里・古賀穀堂・古賀侗庵肖像／佐賀県立博物館蔵

郷党の友

穀堂は胸襟を開いて分け隔てなく人と接したから、心を許し信頼し協力した友人は多い。交友関係からも人となりを知ることができる。穀堂は、実松(さねまつ)浦里(ほり)、中村嘉田、草場佩川の三人を「佐賀郷党の真の友人」と公言している。

実松浦里（文左衛門）は、弘道館で古賀精里に師事し、弘道館句読師、ついで教諭、助教を経て教授に進んだ。また支藩小城藩の賓師となって藩士たちに教説した。小事にこせこせせず楽易襟懐で、よく精里の学風を遵守して弘道館教育に力を尽くした。経済的能力によって穀堂の経倫の才を補った。

中村嘉田（咸一、白崖、花竹堂）は、弘道館で古賀精里に師事。学業特進し、

草場佩川『津島日記』／多久市郷土資料館蔵

微賤の生まれながら勤勉力行し、推されて士籍に列する。弘道館教諭から助教に進んだ。篤学博識をもって書生の重望を担った。学は古賀精里の師説を遵奉した。

草場佩川（磋助、珮川、棣芳）は、多久家臣。多久邑学で学び、十八歳で弘道館に入り古賀穀堂に師事。文化六年（一八〇九）江戸に遊学し、古賀精里に入門。同八年、精里に従い対馬で朝鮮通信使聘礼にあたり韓使と筆談唱酬したが、韓使より詩・画・唐音の才を称賛された。多久邑学東原庠舎教授を勤め、邑政にも参画。天保六年（一八三五）弘道館教諭に抜擢され本藩直臣となった。弘道館教育の柱石を担い、晩年に教授に就任した。漢詩は多作で知られ、画もよくし、特に竹の画は賞賛された。著作は『珮川詩鈔』『津島日記』など。

穀堂と佩川は十歳の年齢差があり、師弟の関係ではあるが、極めて厚い友情によって結ばれ、互いに全幅の信頼をよせていた。穀堂にとって佩川は、腹蔵なく心情や本音を吐露できる真友だった。穀堂から佩川への書翰が多く残り、佩川から贈られた詩文への礼状、詩会や雅会への誘い、江戸の文学界の状況報告、佐賀の状況報告の要請などを内容とする。漢詩を多作し絵画を描いて縦横に活動する佩川への羨望や、俗世の生活から遊離して余裕のある文人でありたいという願望などが綴られている。佩川を信頼して、政治上の密議もしばしば交わされている。

三政友

藩主直正の改革事業を輔相する穀堂の手足となって働いた三政友がいる。井内南涯、牟田口天錫、永山二水である。

井内南涯（伝右衛門、季嶢）は、弘道館に学び、文化元年（一八〇四）に弘道館指南。同七年に江戸に遊学し、昌平黌の書生寮に入り古賀精里に師事した。奥羽遊歴の途に上り、米沢、会津の諸藩を歴訪し、同九年には帰国して弘道館で教鞭を執る。文政三年（一八二〇）、再び東遊を命ぜられ、吉村幹斎（東兵衛、董洪）とともに昌平黌に入り舎長に進んだ。明善堂でも講義し、直正の教導にも当たった。同六年に帰国して弘道館助教となった。政治と学問は一致すべきという信念のもと、直正の改革事業にあたり穀堂と同意見で、その部下として縦横に活躍した。天保五年（一八三四）教授に進み学政を督し、天保十一年の弘道館大拡張、北堀端移転を指揮した。

　牟田口天錫（藤右衛門、通清）は、弘道館で学び、文化元年に指南役、同十年に教諭に進んだ。文政二年、旧藩主重茂、治茂の年譜編纂事業に携わった。同八年から江戸明善堂文学師範となって藩邸内の子弟を教導した。天保六年から再び弘道館で教育に当たり、天保改革事業では主に直正と穀堂の通信役として活躍し、直正の信頼は厚かった。

　永山二水（十兵衛、貞武）は、弘道館で学んだのち、肥後に赴き、老儒辛島塩井に就いて学んだが、彼藩の沢村宮門と親交し、共に昌平坂学問所儒官の佐藤一斎と親しく往来し、陽明学を研究して兄弟の誼を結んだ。その学は朱子を奉じて陽明学を兼ね用い、実用を主として虚文を去る。生徒の材を愛して、自己を他に強制せず、個性を認めて学問の実践躬行を諭した。直正の輔翼の任に当たり、穀堂を助けた。

第三章　古賀精里の教育観

古賀精里の時代

幕藩体制が安定し、幕府も各藩大名も武断政治から文治政治に重きを置くようになった。文治政治では、文武一体で仁義の徳風と士道を領内に醸成し、それを体現する藩士を育成する必要がある。当時の文学の中核は儒学であった。個々の武士は、武人としての役割が相対的に低下し、行政遂行能力、財務能力、撫民能力の面で存在意義が問われるようになったから、仁義の道徳や非実用的な文人的素養も必要となる。こうして、公的な性格をもった文武学校が成立した。体制的危機があらわになった寛政期以降になると、人材養成を目的として全国で学校が設立され、また整備された。幕府では、林家の家塾的性格が強かった湯島聖堂が官立昌平坂学問所（昌平黌〈しょうへいこう〉）へとステップアップし、各藩では陸続として藩校や郷学が設立されていった。

穀堂の父精里は天明元年（一七八一）佐賀藩弘道館設立の中心を担い、幕府に出て、寛政異学の禁、朱子学正学派体制を推進した。精里の社会観、学問観、政

柴野栗山肖像（谷文晁画・部分）／『近世名家肖像』東京国立博物館蔵（Image:TNM Image Archives）

治観は、そのまま弘道館設立の基調であり、寛政異学の禁の基調でもあった。

古賀精里は政治と学問の一体化、学校の設立、学校における師傅の責任、「言路洞開」を強調する。師傅とは、身分の高い人の子供にかしずいて守り育て教導する役で、一般に教導役や師匠の意味に用いられるが、人格的に権威をもった師匠というニュアンスも加わっている。「言路洞開」とは、君主や政府に意見する方法や手続きが明解なことである。

「古昔之法」にとどまらず、日常の道徳実践が重要だから、師傅の責任は極めて重大である。師傅が遠慮なく主君に諫争（かんそう）（事を論じ諫める）できなければ、言路はふさがる（『十事解師傅』）。学校において必要な師とは、文章字句に拘泥する迂儒（うじゅ）、腐儒ではなく、また言行不一致の儒者ではない。それらは人材の養成どころか、国家に有害である。学問は政治的実践と切り離しては意味がないと説いている。

朱子学正学化

寛政二年（一七九〇）幕府老中の松平定信は「異学の禁」を布令して、幕臣のための学問所である「昌平坂学問所」（聖堂学問所）で講学する学問の「正学」を朱子学と定め、それ以外の学統の講学を禁止した。朱子学とは、孔子の教えである儒学が、南宋の朱熹（しゅき）によって体系づけられた学問である。これに続いて、学問吟味、素読吟味（両方とも試験）を実施し、朱子学による幕臣教育の振興を図っていく。朱子学正学化を推進したのは、広島藩儒頼春水、讃岐出身柴野栗山、

各藩書生寮入寮数（弘化三年～慶応元年、二十一年間）

（鈴木三八男『「昌平黌」物語――幕末の書生寮とその寮生』斯文会）

松前浪人	1	松坂処士	1
弘前藩	11	津藩	1
黒石藩	1	鳥羽藩	1
八ノ戸藩	1	桑名藩	12
（秋田）久保田藩	1	膳所藩	1
盛岡藩	4	京師処士	3
盛岡処士	1	淀藩	1
（羽後）松山藩	1	大阪処士	1
庄内藩	1	大阪浪人	1
新庄藩	2	河内処士	1
上ノ山藩	2	高槻藩	1
米沢藩	1	篠山藩	1
仙台藩	21	姫路藩	16
仙台処士	3	赤穂藩	2
会津藩	19	龍野藩	3
一ノ関藩	4	亀山藩	1
白河藩	2	津山藩	4
福島浪人	1	津和野藩	3
（相馬）中村藩	3	福山藩	5
小諸藩	2	（備中）広瀬藩	1
沼田藩	2	（備中）成羽藩	1
上田藩	6	（備中）松山藩	13
信州処士	1	長州藩	9
飯山藩	1	岩国藩	4
高崎藩	1	長州処士	1
高崎処士	1	芸州処士	1
足利藩	1	芸州浪人	1
常陸処士	1	安芸処士	1
水戸殿	1	伯州浪人	1
水戸処士	2	丹州処士	1
館林藩	2	松江処士	1
野州処士	1	（丹後）田辺藩	4

旗本二男岡田寒泉、伊予出身尾藤二洲、そして元佐賀藩儒古賀精里である。一時は衰退していた朱子学が息を吹き返し、幕府の昌平坂学問所、次いで諸藩の学校の教学を支配し、さらには全国各地の郷学や手習塾（寺子屋）にまで浸透していった。「正学」の朱子学と「異学」の差は、学習内容に係わる問題のみではなく、学問と実践の連関性いかんにある。朱子学は「倫理」を根本とする学であり、それのもつ実践的性格のゆえに「正学」である。朱子学の信→致知→力行（篤く信じれば、物事の道理を研究して知識を明らかにすることができ、そして努めて行うことになる）とは、まさに学問と実践の結合である。

寛政の改革において朱子学が正学として採用とされた理由と朱子学の効用について考えてみよう。

理由の一つは、士風刷新に朱子学が最適と考えられたからである。田沼時代を転換し、激化しつつあった社会的矛盾に対処することを目指す寛政改革においては、「忠孝」に篤く、「身の行いを慎み」、節制と倹約に努める、篤実な士風に刷新することが課題だった。朱子学によって、こうした道徳を個々人が自律的に実践するよう促すことが、士風全体の刷新をもたらすと考えられたのである。

二つには、教育上の問題がある。朱子学派が唱える教育の目的、内容は明解であり、定型化が容易であり、初学者に適していた。初等課程では、『小学』『孝経』から入り、四書（『大学』『中庸』『論語』『孟子』）、五経（『易経』『書経』『詩経』『礼記』『春秋』）といった経書（初等も高等も同じ経書）を基礎基本の学習課程として、「素読」「誦読」という方法で学習させる、この定型が、昌平坂学

野州浪人	1
結城藩	2
武州栗橋処士	1
甲州処士	2
忍藩	1
佐倉藩	9
土浦藩	3
上総処士	1
下総処士	2
武州処士	1
江戸処士	2
江戸浪人	2
相州処士	1
幕臣家中	2
富山藩	5
加賀藩	9
加州処士	5
加州浪人	1
(越前)丸岡藩	1
小松藩	3
(越前)大野藩	2
越前浪人	1
越後浪人	4
越後処士	7
高田藩	2
高田処士	1
鯖江藩	1
柏崎処士	2
(駿河)田中藩	8
浜松藩	3
(三河)吉田藩	1
刈谷藩	1
掛川藩	2
田原藩	1
尾張藩	2
尾州浪人	2
(岐阜)加納藩	1
丸亀藩	4
丸亀処士	1
讃州処士	2
讃州浪人	2
高松藩	16
西條藩	11
松山藩	14
大洲藩	4
松山処士	1
宇和島藩	5
宇和島処士	1
豫州処士	1
阿波藩	1
阿波処士	1
土州藩	6
久留米藩	10
筑前藩	10
臼杵藩	1
中津藩	1
佐伯藩	2
(肥前)大村藩	20
(肥後)新田藩	1
熊本藩	6
佐賀藩	40
(肥前)小城藩	3
(肥前)鹿島藩	2
(肥前)蓮池藩	3
唐津藩	3
島原藩	1
島原処士	1
高鍋藩	2
日州処士	1
薩摩藩	21
薩州処士	1
不明	11
総計	505

問所はじめ、全国の藩校や郷学でほぼ共通して実行されていった。佐賀藩の弘道館も多久領東原庠舎も、典型的な朱子学学校だった。

しかし、朱子学が徹底したのは初等課程と道徳的な基礎教育においてである。学問的に朱子学が優れていると考えるわけではないので、中・高等課程では異学も排斥しない。のみならず、洋学、国学、医学、軍事学、実用学などの研究を容認し、時にはそれらを奨励もした。

三つめに、合理主義、客観主義、普遍主義的性格をもつ朱子学の効用について考えてみよう。教育が普及し、朱子学を中心とする儒学の教養は、学校に止まらず武士や上層の庶民の間に広く普及した。朱子学の受容と実践の過程で、水戸学の名分論など、朱子学のもつ合理主義的な道徳理論からやや逸脱するものがあったが、一方で、朱子学の普及が、幕末から明治維新にかけて人々の合理的思考力の伸張に寄与した、との見解は現在広く認められるようになってきた。朱子学教育によった佐賀藩が、後年、西洋科学技術や医学を積極的に導入したのは対外的危機意識の強さによるが、朱子学的合理主義が基盤にあったこともその要因と考えられる。

しかし、昌平坂学問所での朱子学正学派の地位は、幕末になると次第に崩れていく。古学や陽明学が半ば公然と復活し、国学や洋学の台頭によって儒学そのものの有用性が問われる時代になっていった。それは全国の藩校にあっても同様であった。

昌平坂学問所は幕府直参の旗本・御家人の子弟教育に主眼を置くようになり、

昌平坂学問所（明治初年）／長崎大学附属図書館蔵

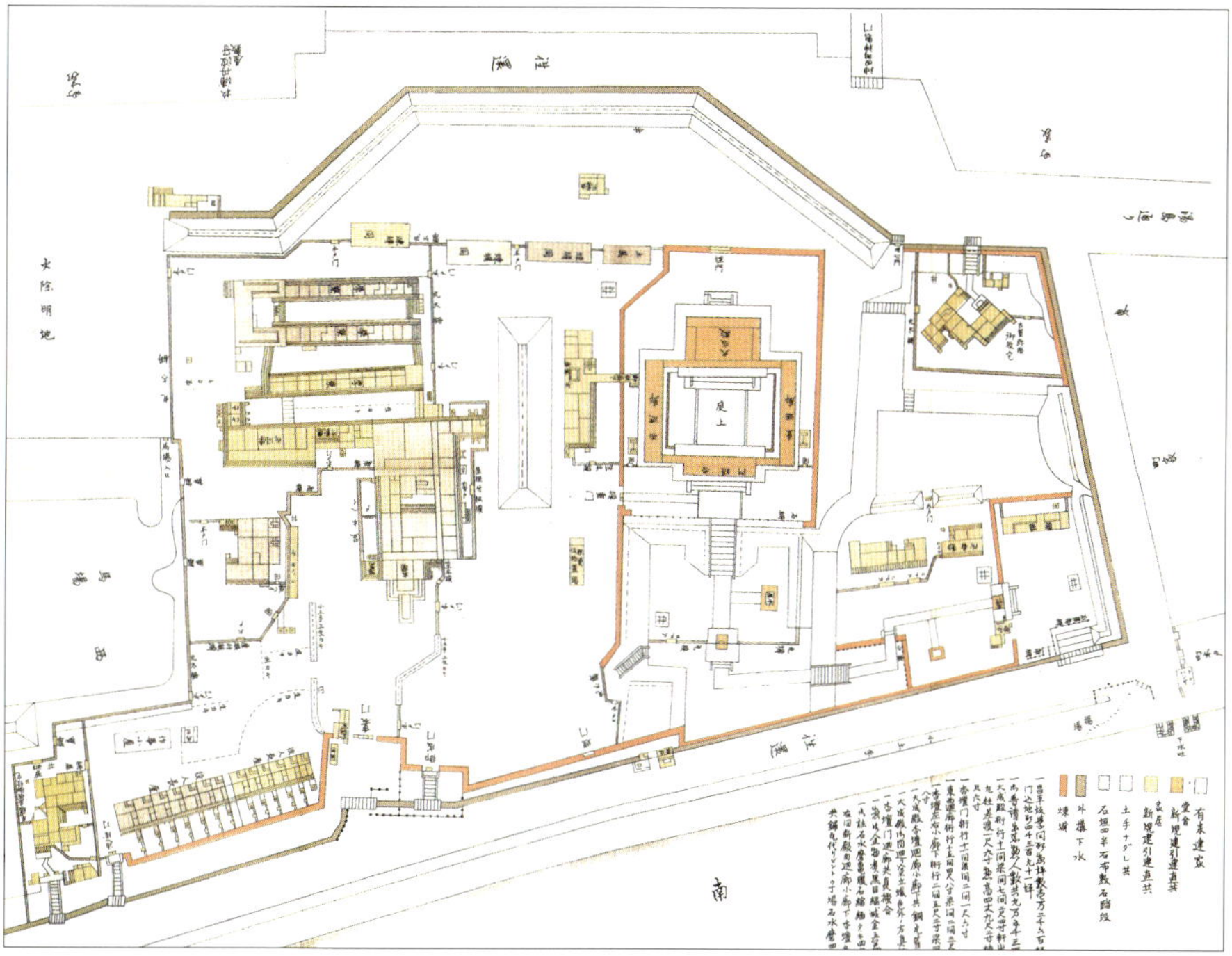

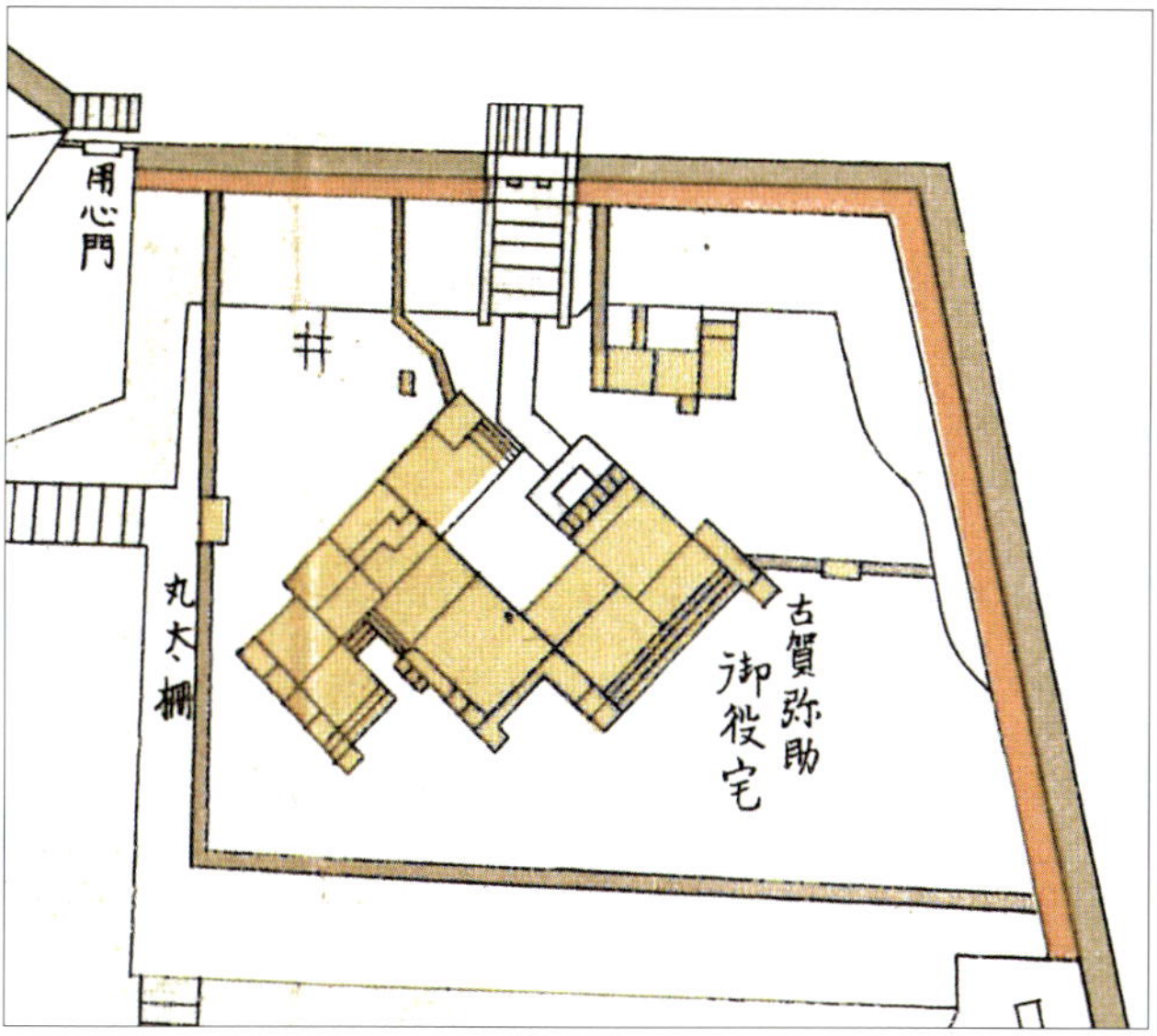

湯島聖堂図（「聖堂志附古図」『聖堂略志』）「古賀弥助」（精里）の役宅が右上部に記されている。／斯文会蔵

書生寮入寮者の経由した儒官門
（鈴木三八男『「昌平黌」物語——幕末の書生寮とその寮生』斯文会）

古賀門	121
安積門	109
林門	105
佐藤門　村	65
中村門（中谷敬宇）	56
塩谷門（塩田宕陰）	28
河田門（河　廸斎）	5
杉原門（杉原心斎）	4
筒井門	2
杉門	1
若山門（若山勿堂）	1
望月門（望月毅軒）	1
古賀安積門	1
佐原門	1
計	504
不明	1
総計	505

直参以外は入学できなくなった。しかし享和元年（一八〇一）、それまで学問所構内に役宅が充てられていた御儒者には、それぞれ私的な門弟がいたが、彼らを一所に集めて、公営の校舎＝書生寮の中で教育するようになった。書生寮では、諸藩からの遊学生が入り混じって高等教育を受けたが、とくに諸藩から選抜された優秀な学生が陸続と入学してきた。

昌平坂学問所および藩校の教育方法には基本的に、初級者の「素読（そどく）」、先生による「講釈（こうしゃく）」、同程度の学力の集団研究で行う討論形式の「会読（かいどく）」の三つの型がある。

前田勉『江戸の読書会——会読の思想史』によれば、昌平坂学問所書生寮では会読が中心であり、全国の秀才が集まって自己の見解を主張し、相手の意見に耳を傾け、コミュニケーションを行うことを通した知的共同社会が成立した。同書では、佐賀藩弘道館では上級生の会読が普及していたので、佐賀藩からの生徒は書生寮の会読では目立つ存在だったと述べられる。

佐賀藩における学校設立

佐賀本藩の弘道館創立を遡ること八十年、親類同格多久家の邑都多久に壮麗な廟社と学舎が設けられた。第四代邑主多久茂文（たくしげふみ）は、元禄十四年（一七〇一）に『文廟記』を著わし、学校を創設して治と教を一致させ、壮麗な廟社を建設して学問道徳の里を目指す意図を格調高い漢文で論じている。

安置する孔子像は京都の有名な儒者中村惕斎（なかむらてきさい）に製作を依頼し、宝永五年

鍋島治茂肖像（部分）
公益財団法人鍋島報效会蔵

（一七〇八）、私領地に壮麗な聖廟が建立された。茂文は為政者としての強い責任感と道徳意識のもとで聖廟を建立し学舎を創設し、人民を教化し風俗を正し、社会を治めようと願った。学舎ははじめ「東原精舎」と呼ばれ、のちに「東原庠舎」と呼ばれるようになった。享保三年（一七一八）には「東原精舎仕組」を立て、文学武芸にわたる仕組みと担当教員、師範組織を示し、学寮修学を督励し、朱子学によることを明記している。しかし、まだ体制危機はあらわではなく、人材養成を直接の目的とはしていなかった。文治政治、風俗教化を理念とする学校であった。

本藩の弘道館の創設は天明元年（一七八一）である。元禄期から、城内、城外、町方に聖堂が設けられていたが、このころには廃絶状態にあった。

弘道館創設は第八代藩主鍋島治茂（なべしまはるしげ）のときで、前代藩主に某藩士が建言した「御仕組八ヶ条」、また治茂の侍講である石井鶴山（いしいかくざん）と藩儒の古賀精里の建言をうけて創設された。「御仕組八ヶ条」は、政務改革のために「人材を御仕組を以て御教育なされ候はでは、多く出来仕まつらざるに御座候、御教育の術を以て御仕立てなされ候時は、何程の人才も出来致し、抜群の才徳の人も起こり申すものに候」と、教育を国政の第一に置き、計画的な人材養成の必要を説く。その方法として、文学（儒学）はもとより、射場、馬場、槍剣術、柔術打類まで一境内に経営する文武兼備の一大学園の創設を提言し、さらに、藩主から重臣、上級侍、物侍以下まで、家中一統の関わりを求めている。体制危機からの脱却が強く意識されている。

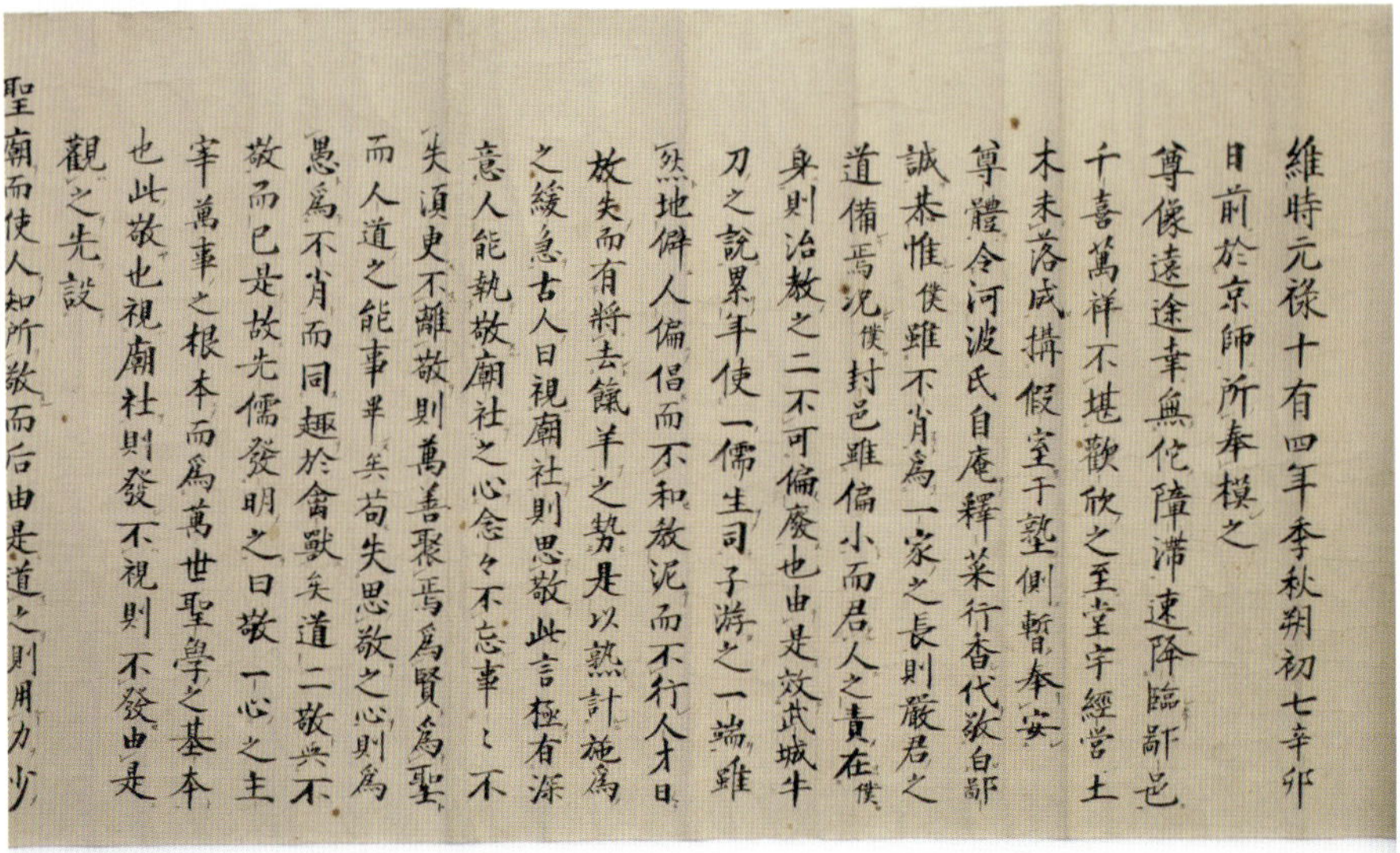

維時元祿十有四年季秋朔初七辛卯
日前於京師所奉模之
尊像遠途幸無他障滞速降臨鄙邑
千喜萬祥不堪歡欣之至堂宇經営土
木未落成構假室于塾側暫奉安
尊體令河波氏自庵釋菜行香代欲白鄙
誠恭惟僕雖不肖爲一家之長則厳君之
道備焉況僕封邑雖偏小而居人之責在僕
身則治教之二不可偏廢也由是效武城牛
刀之説累年使一儒生司子游之一端雖
然地僻人偏倡而不和教泥而不行人才日
放失而有将去餼羊之勢是以熟計施爲
之緩急古人曰視廟社則思敬此言極有深
意人能執敬廟社之心念々不忘事々不
失須臾不離敬則萬善聚焉爲賢爲聖
而人道之能事畢矣苟失思敬之心則爲
愚爲不肖而同趣於禽獣矣道二敬與不
敬而已是故先儒發明之曰敬一心之主
宰萬事之根本而爲萬世聖學之基本
也此敬也視廟社則發不視則不發由是
觀之先設
聖廟而使人知所敬而后由是道之則用力少

多久茂文『文廟記』（部分）／多久市郷土資料館蔵

多久聖廟／写真提供：佐賀県観光連盟

孔子像／写真提供：孔子の里

もと多久家家来で東原庠舎の教職を歴任した石井鶴山は、熊本の時習館を参考にしたが、学派は徂徠学に近かったといわれる。弘道館で主流とはならず、やがて藩外に去った。古賀精里は朱子学正学派を代表し、弘道館学規を定め、初代教授として弘道館教育の基礎を築いた。精里は寛政八年（一七九六）には幕府の儒官に登用され、寛政異学の禁を経て、昌平坂学問所が幕府の官学として大きく飛躍発展するのに貢献した。

柴野栗山墓（文京区・大塚先儒墓所）

第四章　修養時代から教授時代――『学政管見』献策

少年時代から青年期の修養時代

穀堂の少年時代の佐賀では、天明元年（一七八一）に弘道館が創設され、副島昭賢、石丸礼介、長尾東郭（ながおとうかく）、石井鶴山、山領利昌（やまりょうとしまさ）（主馬（しゅめ））、古賀精里らの碩学がいて、彼らは政治の顧問をも担っていた。穀堂は弘道館に学び、家庭では父精里と貞淑な母光増氏のもと、祖父良能の慈愛を受けながら大いに修養に励んだ。

寛政八年（一七九六）穀堂二十歳のとき、精里が幕府儒者衆に抜擢され上府するに際して、穀堂を佐賀に残し病老の祖父母を侍養させた。次男の煒（当時十六歳）はすでに洪家の養子になっていた。寛政九年六月に祖父が亡くなり、翌年祖父の喪を終えると、藩政府の許可を得て江戸に遊学し精里の家塾に入り学ぶことになった。江戸には文豪や碩学があり、精里と交際し往来頻繁であった。また穀堂は、学問所で講義した大坂の中井竹山、芸州の頼春水らにも学び、詩文を応酬し才気煥発、的確な議論をなして大いに碩学とよばれる人たちから称揚された。特に柴野栗山は賛嘆し、穀堂を以て知己と称する程だった。年少気鋭の穀堂は老儒との交際に満足せず、大いに見識を高め気宇を拡大するため、奥羽越の諸州に遊び奇勝を探り、英才文豪と応酬し、その才識は大いに進んだ。西村謙三『古賀穀堂先生小伝』は品行方正の穀堂を描いたが、実は感性豊か、軽やかで柔らかな一面があり、堅物の精里をヤキモキさせた。

中村真一郎『頼山陽とその時代』によれば、この時代の穀堂は、頼春水の子山陽、亀井南冥の子昭陽らと交友している。三人は寛政の三博士に続く次の時代の学界指導者だと評判だった。春水は山陽の放逸無頼の行動を怒り、堅物の精里は穀堂の軽く柔らかな行動に危さを感じ、山陽と交友することに反対であった。それだけでなく、穀堂は、「異学」の徒であるという理由で昌平坂学問所から退かされた市河寛斎（いちかわかんさい）や彼のもとに集まる放逸な青年文士たちとも喜んで交際していた。ある時、そのグループの菊池五山（きくちござん）、大窪詩仏（おおくぼしぶつ）、亀田鵬斎（かめだぼうさい）らと共に隅田川に遊び、舟上で作った詩が扇面に刷られて世上に頒布せられたのを聞き、精里は大いに怒ったという。

弘道館教授時代

約七年間の遊学を経て穀堂は帰国した。初代教授精里の長男であり、徳望高かった洪家の人々と姻戚兄弟関係にある。それにもまして穀堂その人の学力と人格は一世を風動し、精里の再来と好評された。はじめ教諭に任ぜられ、足軽隊長に進み、文化三年（一八〇六）には進物役兼教授、手明鑓隊長に昇進した。穀堂は大儒を以て自ら任じ、頗る努力を重ねた。

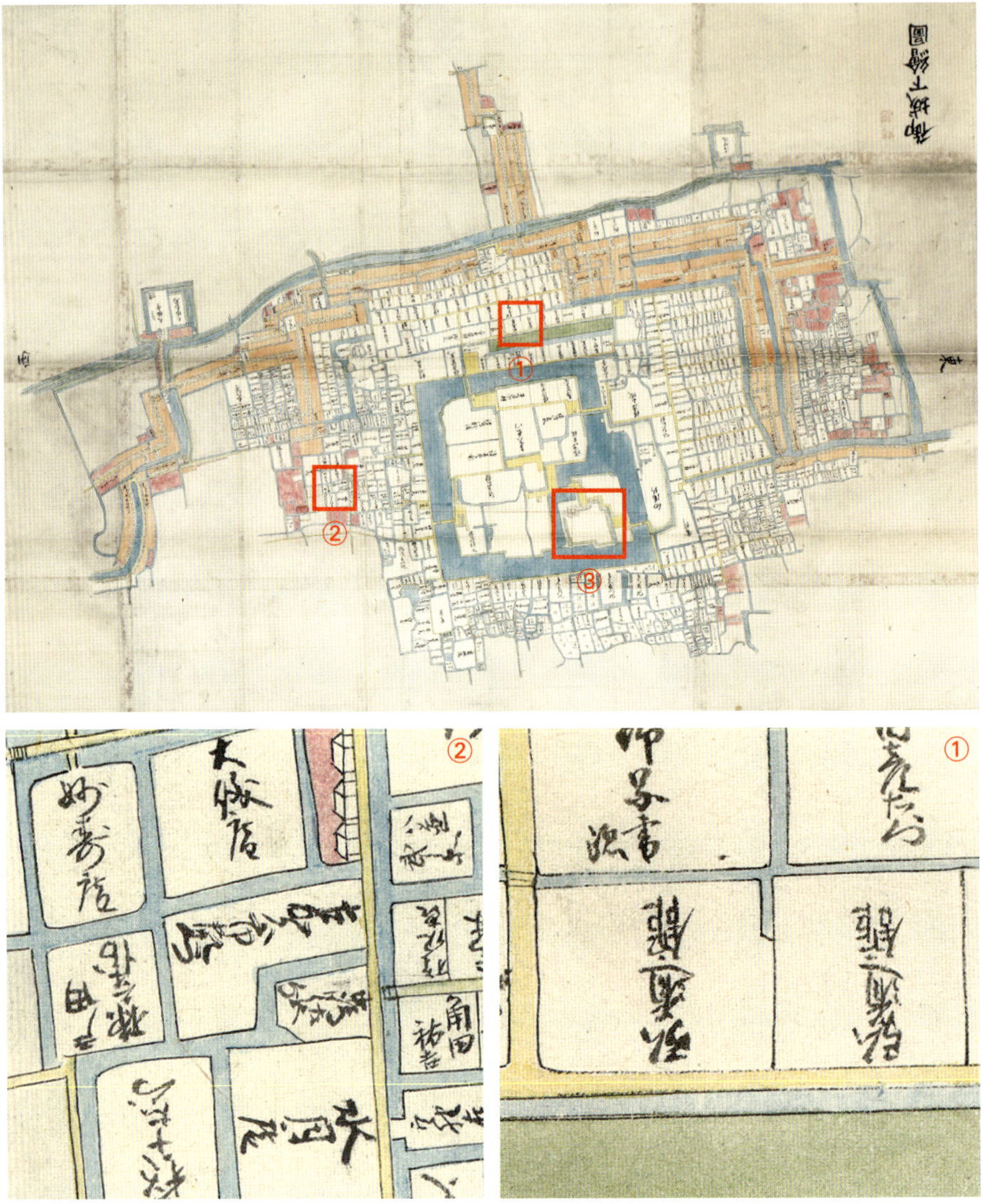

文化御城下絵図（1810年頃）　①②はそれぞれ中央に「弘道館」と「古賀市左衛門」の屋敷が表記されている。②は古賀穀堂の住居にあたる。③は佐賀城本丸（現在の佐賀城本丸歴史館）。／公益財団法人鍋島報效会蔵

「自警の文」

「自警の文」は、「文化紀元七月二十三日」とあるから、年齢二十八歳、遊学から帰国し、弘道館教諭に就いたころにしたためたものである。この「自警の文」を座右の銘としてストイックに生きようとしたのだろう。試みに訳出してみる。

・自警の一

凡夫、愚者、偉ぶる役人、度量の小さい人物と接しても、柔和謙遜な態度で、気持ちを落ち着かせ、言葉を穏やかにする。驕り高ぶってはいけない。怒り恨んではならない。軽蔑し罵ってはならない。淡々として少しも心を波立たせることはしない。道理に反するようなことをされても、蚊虻が前を飛び過ぎるかのように、抗うことなく、争うことなく、笑って気にもとめない。

・自警の二

恥辱、逆境、不運、不遇、千万の辛苦は全て天命に身をゆだねる。泰然自若、ゆったりと構えて心を満たし、分に安んじて節度を失わず、心は広く身体はのびやかに、捕えられて鞭打ちの刑にあったとしても恥としない。たとえ食糧が絶たれ、着る服が無くても、道を楽しんで余りある。しかしながら、全世界を包括し、天地を震撼させんとする壮大な志を、ほんの一瞬でも忘れることはない。

・自警の三

他人の富貴や栄利を見ても、羨望したり、取り入ったりしない。他人の没落や不遇を見ても、軽視して侮ったり、忌み嫌って遠ざけたりはしない。

・自警の四

書物の読み方が大雑把であるという病（欠点）がまだ除去されていない。これはまさに大病根である。落ち着いてこと細かに、そのことだけに集中して精確に読んでいかなくてはならない。多くの書物を雑然と読んではならない。だらだらと読んではならない。急いで読んではならない。気力が萎えた状態で読んではならない。とりとめもなく読んではならない。貪って読んではならない。道理を追究して必ず十分な理解に到達すべきである。昼も夜もその意味を考え続け、心で真に理解できるまでは決してやめないと決意せよ。書物の言葉を見定めるには、ゆったりと構えながらも詳細に読まなくてはならない。論理が明晰になるには、急いで読んではならないし、時間をかけすぎてもいけない。

・自警の五

朝は明るくなって周囲が見え始めたら起き、夜は三更（二十三〜二十五時）に寝る。これを一生涯の日課とする。倦怠、疲労、酒酔、過食を理由にやめてはならない。ただし、病気の時や旅に出たり他人と一緒に寝泊まりする際はこの限りではない。しかし、必ず厳しく己を律し、気力を奮い起こして勇ましく過ごすべきである。たとえ目が疲れ気持ちが萎えてきても、姿勢を正し静かに座って修養すれば、四更（一〜三時）五更（三〜五時）になっても意のままである。決して初更（十九〜二十一時）二更（二十一〜二十三時）に寝てはいけない。もし寝るならば必ずその理由を書く。ただ精力をむやみやたらに使ってはならない。必ずゆったりとして心身を満たし、精神（精気）を節制して養い、病労（病苦）を生じてはいけない。身体を痛めてはいけない。

・自警の六

私にはもともと言葉を慎まないところがある。人と話をすれば、必ず内実を話す。秘匿を顧慮することがなく、しばしば知り得た機密事項を漏らし、なおまた疑いや怒りを招いてしまう。これより、妄りに話をせず、多くを語らない。闊達で何事にもこだわらないなかでも、問題を未然に防ぎ、後々のことまで考慮する必要がある。また、胸中の不平不満を人に向かって吐きだしてよいのは、世界中で二、三人に過ぎない。軽々と凡夫に吐き出してはならない。家にいる時は口数を少なくし、妻子や下男下女であっても妄りに話をしてはならない。大言壮語してはならない。他人を誇り笑ってはならない。しかし、またそのようにする必要が起きたときは、絶対に漫然となしてはならない。人の短所を語ってはならない。他邦人や古人であっても、軽々しく非難嘲笑してはならない。

この一項は極めて大切なことである。常日ごろから修養に励んでいるが、未だに実行できていない。ぜひとも溺れる人や火中の人を救い出すような気持ちで、自己修養に努め励むべきである。だらだらと取り組んでいてはいけない。

・終結

平時の自警においては別に条項がある。一身の病痛（欠点）は百千を数える。しかし、以上の数項目が最も自身に切実なものである。大病はまだ依然として

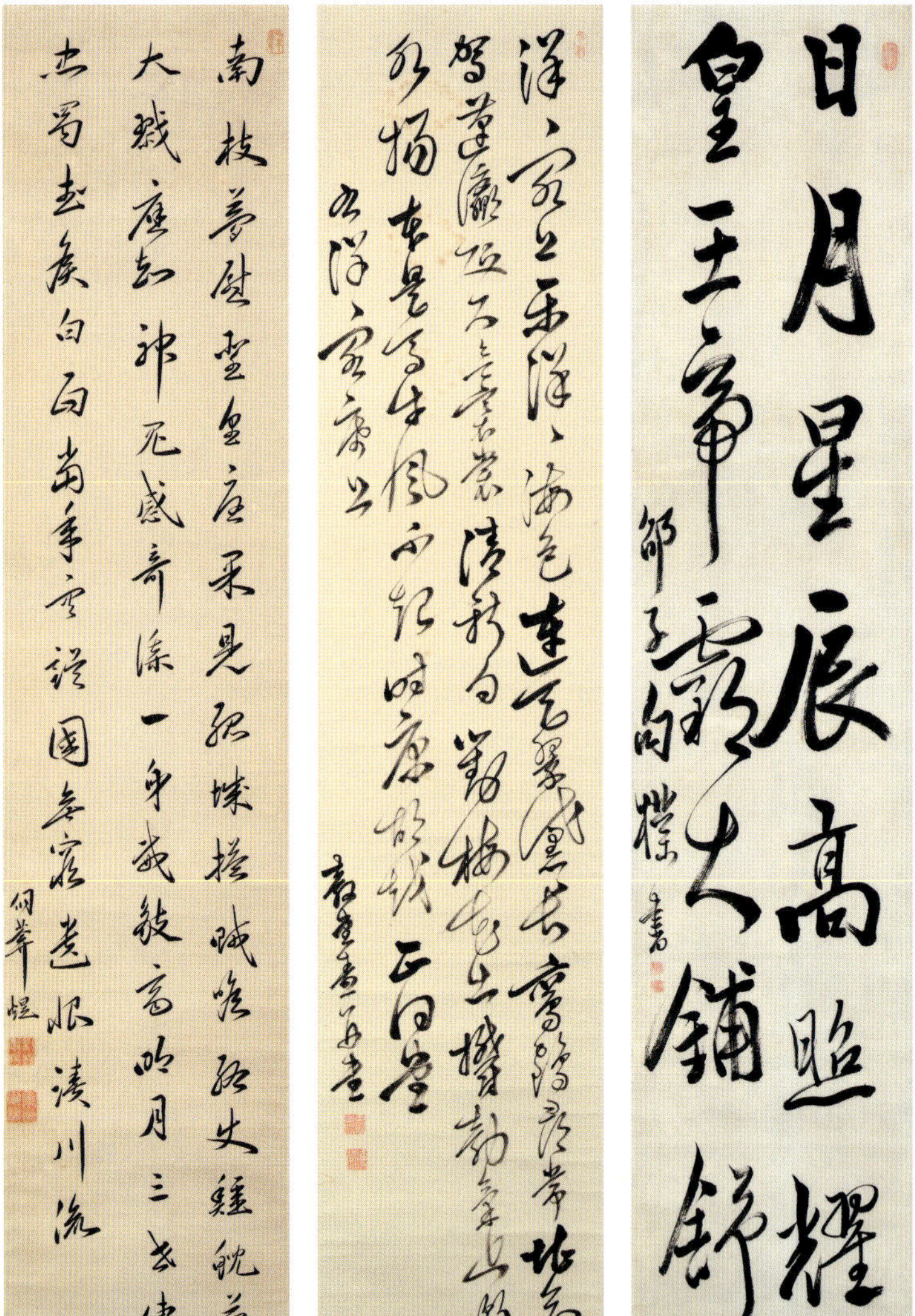

古賀精里・穀堂・侗庵書三幅／佐賀県立博物館蔵
日月星辰高照耀。皇王帝覇大鋪舒。邵子句。樸書。
洋々閣上楽洋々。海色連天翠黛長。鸞鶴尋常堪命駕。蓬瀛咫尺欲褰裳。清秋句対梅花出。鬱勃気止潮水揚。本是馬牛風不起。
時康胡越正同堂。右洋々閣席上。穀堂燾幷書。
南枝夢慰聖皇庭。果見孤城搭賊喉。終使鱷鯢蒙大戮。応知神鬼感奇謀。一身威鼓高吟月。三世伝忠蜀武侯。白面当年空誤国。
無窮遺恨湊川流。侗庵煜。

フェートン号図／長崎歴史文化博物館蔵

取り除かれていない。それゆえ、さらにこれを書いて自らを警（いまし）めるのである。しかし、私の見識は、いわゆる道学に収まるものではない。いわゆる文人儒者にも、英雄にも収まるものではない（私は英雄をこよなく愛するが、英雄のようなふるまいを自らが求めるわけではない）。いわゆる宇宙に存在するあらゆる流派に収まらない、独自の人間になることをめざす。

文化紀元七月二十三日　　穀堂主人

フェートン号事件

弘道館教授就任から二年目の文化五年（一八〇八）八月十五日、佐賀藩が防備する長崎でフェートン号事件が起こった。イギリス船フェートン号が長崎に侵入したため、後日責任をとって長崎奉行が自刃し、藩主斉直も逼塞を命じられた。穀堂は八月十六日夜に異変を知ったが、はじめロシア船と思った。古賀侗庵からロシアの脅威を聞いていたからであろう。やがてイギリス船と知るが、藩内全体が事態を正確には把握しかね、重臣たちもただおろおろするばかりで何の対応策も浮かばない。穀堂の日記を見ても、重臣たちは弛緩した治世を列挙し論じてはいても切羽詰まった緊張感はなかった。

このころ穀堂は大病で呻吟し、眼疾、頭瘡、疝気（せんき）などに悩まされ、生活が困窮して、時には父の援助を受けることもあったが、弘道館教育に精励していた。

穀堂にとってフェートン号事件は、心底から覆されるような衝撃的な出来事

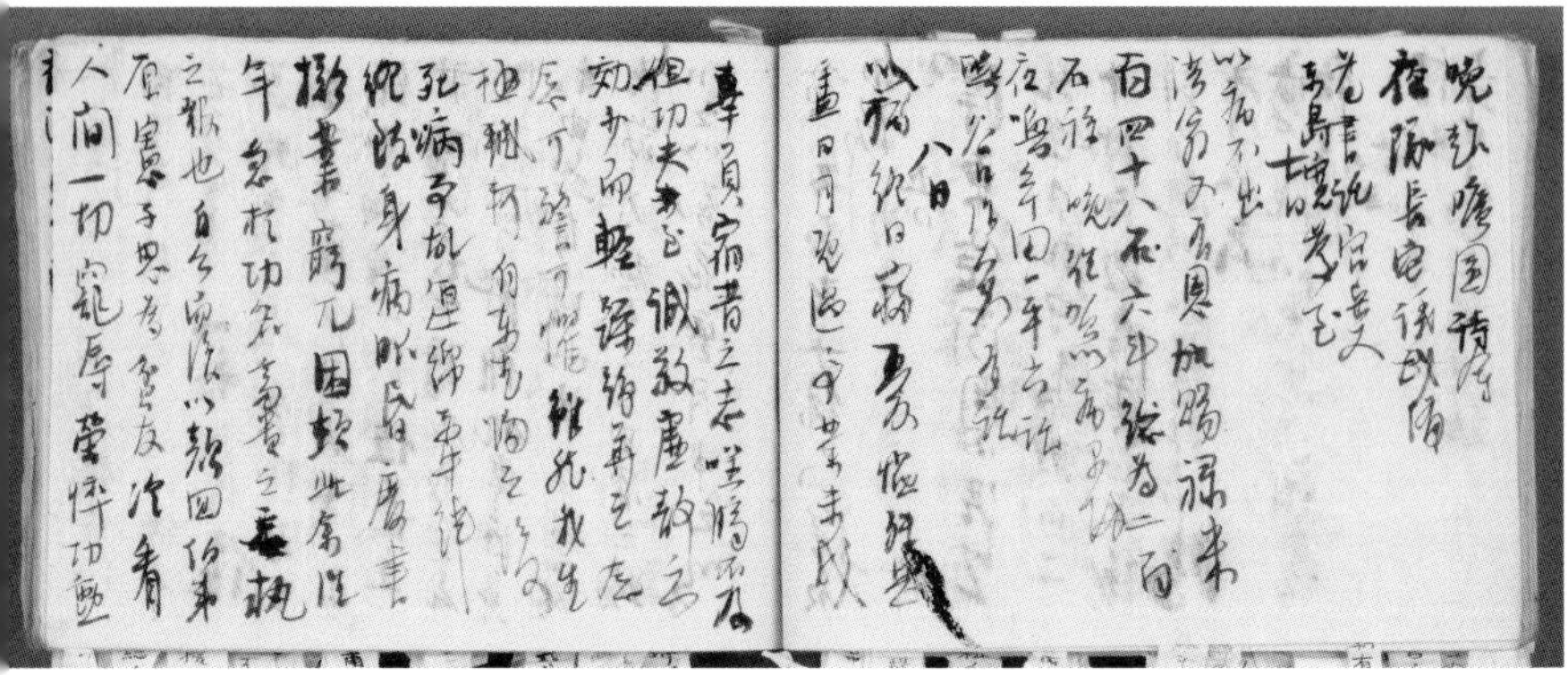

だった。穀堂は臆することなく世情の非を痛論した。しかし非難するだけではなく、深く自分をも省みた。『自強日録』文化五年九月八日条で次のように記している。

自分はいま終日病床にあって、憂いと怒りは甚だしい。日月は既に過ぎ、事業は未だ成らず、宿昔の志は思い通りにいかず、事は進みがたく、江戸から帰国後、次々起こる事故につなぎ止められている。終に疾病となり、眼疾となり、書を廃し、業を撤し、窮まり困頓している。これは自分が往年、功名富貴の妄執に急であった報いであろう。人間の栄悴、勲功、声名は一切価値なきものとして、顔回（がんかい）や伯夷（はくい）らの如く、唯（ただ）道徳、経世、学問に向かい、其の中に安身立命し、以て天位を受け入れ、万物を育てる妙を致し、終身一歩を運ばず、又一銭を得ざるの楽しみを思うべきである。佐嘉士、国学教授であることは皇帝陛下の貴に匹敵する。このように自得して、飢や寒さが身に迫っても博学、文辞、諸芸を以て生涯を送り、これに風花雪月、書画詩歌を以てするならば、その楽しみは王侯にも匹敵する。こうして天地を震動し、宇宙を併呑し、古今に卓越する気象でありたい。

九月二十七日には藩邸の密議に加わったが、廷議は錯綜するばかりで優游不断、加えて財貨は逼迫、にもかかわらず、藩主斉直が贅沢を改めないことに対し怒りを感じたが、一方忸怩たる思いがあった。「我れ徒（いたずら）に一生の学問、満腹の経綸

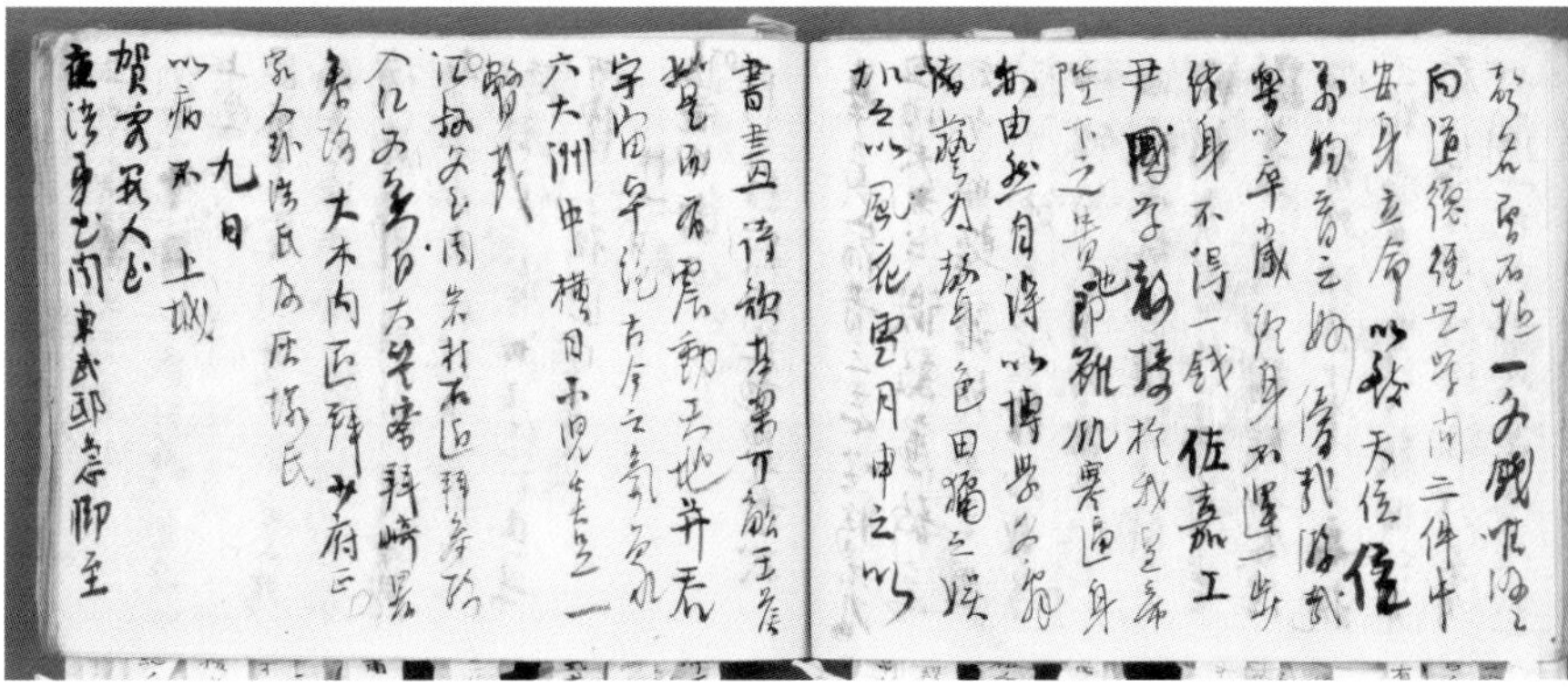

『自強日録』文化五年九月八日条
公益財団法人鍋島報效会蔵

（治国済民の方策）を有しながら此の危急に際し一策の以て時を済うなきは実に慙憤（はずかしく思い、その状況に腹を立てる）の至りである」と、自分の培った学問が事に際して無力であることを嘆いた。「館中賊有り物を窃む、蓋し諸生也。人才出でず、教導廃弛（やるべきことをやらないでいる）、甚だ慙べし」（十月四日条）と、自分の学問と生徒教導の無力をも痛感した。

十月三日には、穀堂は廷議で率直に心腸を吐露して激談した。「内に老姦あり、推託を事とし、時機を遅滞せしめ国を誤らんとする。憎むべきは此の老姦である、いままさに藩朝偃武（戦争が止んで太平になること）以来の大変である」と。十月五日には「夜中、士徳を呼んで談話し、慷慨激昂、殆ど其極に達した」。十月十七日夜、長崎仕組局属官に任じるとの書が到来した。しかし、医者から無理を強いれば盲目となるという助言を受け、眼疾を理由に辞官した。後日、弟の洪晋城が来て、このたびの拝職は抜擢であり、藩主の特旨であると告げられた。過日、藩主面前の『書経』講義で激烈な論を吐き、聴く者が動揺するほどであったにもかかわらず、藩主が自分を評価してくれたことは意外だった。しかし、病状は恢復せず、「此時、眼病・疝気・頭瘡、並医薬頻繁に発し、鬱悶苦辛、殆ど堪える能わず」と弘道館教授辞表を提出したが却下された。しかしこの時期の穀堂の態度が、文政二年（一八一九）から儲君貞丸の師傅へ抜擢されることにつながったと考えられる。

隅田川舟遊図（歌川国政画）／東京国立博物館蔵（Image: TNM Image Archives）

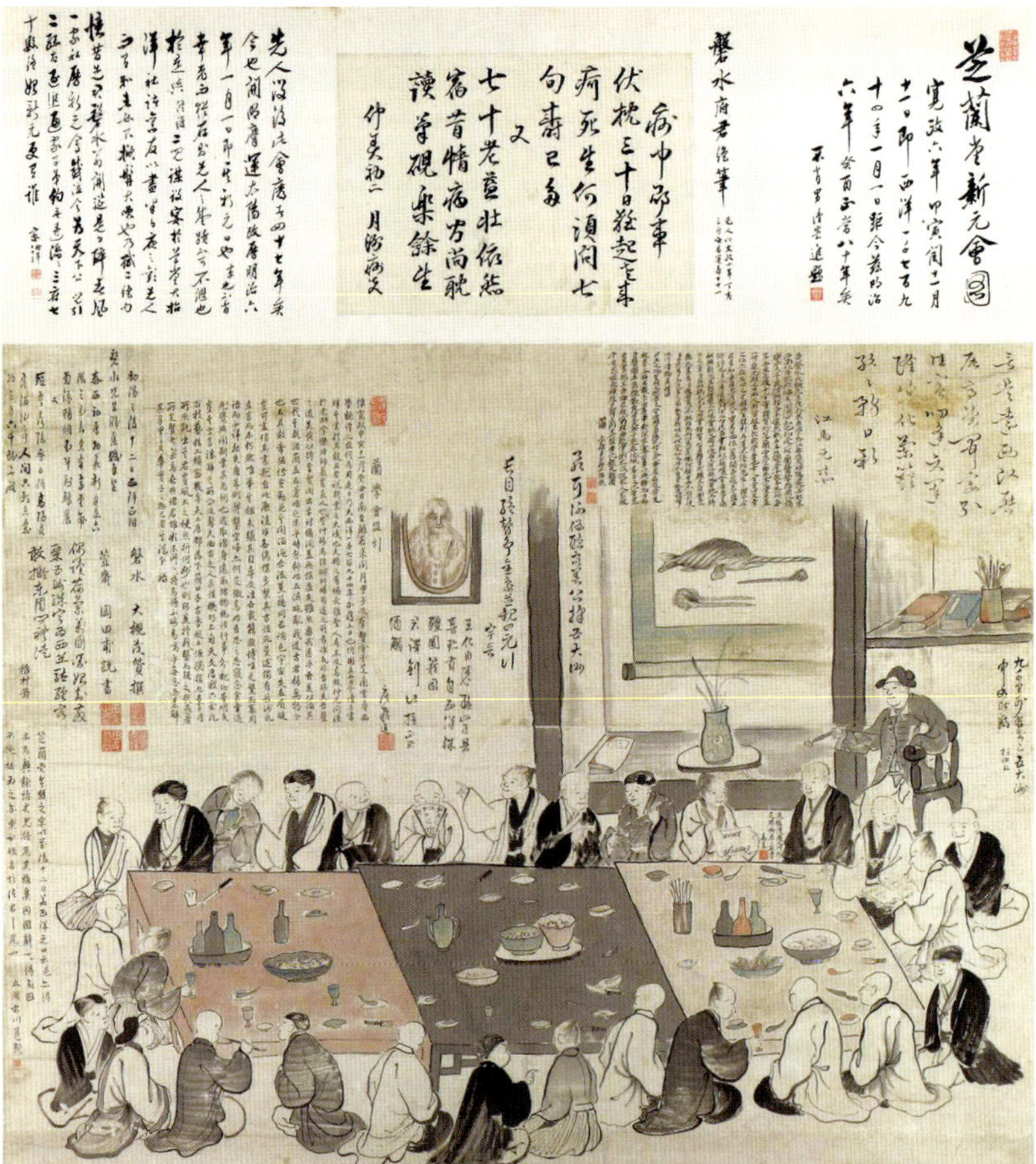

文人の集会（市川岳山画「芝蘭堂新元会図」）／早稲田大学図書館蔵

フェートン号事件以後

穀堂は、十年九月二十三日から十一年四月（東上帰国の旅程各約一ヶ月を含む、以下同じ）、十二年九月から十三年四月、十四年十一月から十五年（文政元年）十二月に、藩主斉直に従って参府している。

文化十一年六月五日、請役局から学館に人才撰挙の諮問があり、六月十五日には「文武人才録」を政府に提出している。草場佩川とは頻繁に詩の交換や談話をしている。洪晋城や義父の洪翁、牟田口天錫、井内南涯ら、意見を共にする友人ともたびたび会っている。

十一年十二月七日には、江戸佐賀藩邸で藩主に男子貞丸が誕生（のちの直正）。世子（儲君）として溜池邸（溜池御殿）で養育される。御相手は古川与兵衛の三男与一（のちの松根）と志波左伝太芳名が選ばれた。

十二年九月二十八日には参勤のため佐賀を発ち、十月二十日に江戸へ到着した。日誌に『清風楼日録』（文化十二年十二月～十三年七月）がある。「清風楼」というのは江戸の桜田邸内の官舎。江戸滞在中、公務は多忙だが、たびたび昌平坂学問所に弟侗庵を訪問し、雅会に赴く。始終病気しているが、邸内清風楼で朝湯会（朝の茶会）や詩会を頻繁に開き、大槻玄沢、その子玄幹、谷文晁、大田南畝、文凰ら当時気鋭の学者文人たちと会う。画会や他家の別荘に集い、墨田川で歌妓娼妓らを乗せて舟遊びもした。諸侯邸にも遊んだ。本因坊と棋を囲んだり、白河公（松平定信）に詩を求めるなど、江戸で大風流を楽しんだ。

古賀精里墓（文京区・大塚先儒墓所）

　文化十三年五月には佐賀に帰り、同月四日から十四日に長崎に赴く。諫早学校好古館を訪問し、長崎で書画会を催し、訳官と交遊し、湾内を乗船巡覧する。六月十三日、学館の衰堕を歎いている。七月二十九日には島本良順（龍嘯）を招き西洋の事情を聞いた。文化十四年は佐賀で正月を迎えたが、三日間で古賀邸の参賀者は四百人に達したというから豪勢なものである。このころは比較的体調が良く、医者の往診は少ない。文学会詩、文学内試、『近思録』講義、『論語』講義、草堂詩会のことなど記す。一月十八日、教諭以下十人を招き酒食を饗す、かつ会議あり。草場佩川からの書詩がしばしば届く。五月六日、父精里が六十八歳で死去した。

『戊寅西還略記』は、文化十五年四月二十七日から同年五月二十一日までの江戸からの帰国の旅行記で、穀堂は藩主とは別行動で、旅宿に芸妓や娼妓を呼んで旅を楽しんでいる様子が描かれている。五月九日、京都では頼山陽や登々庵に会えず、「アフ事モデキズ殺風景ナリ」と記している。このころ山陽は九州を旅行していた。

　五月十一日には、大坂堂島で、宿所に倡婦や振袖几帳や芸伎、男伎などを呼んで、酒を飲み江戸歌を奏したり舞ったりしている。大坂にいた洪晋城も呼んだが、「（弟は）至テ方正家、アマリヲモシロミハナシ、チトハムリノ末トモヲボユ」と記している。兄の柔らかさと比べ弟は品行方正で、性格の違いが現われている。

頼山陽肖像（帆足杏雨画・広瀬旭荘賛）／京都大学総合博物館蔵

『学政管見』献策

天保以後の佐賀藩の学政改革の方向を決め、教育システムの大綱となった重要文書が、文化六年夏、穀堂から藩主斉直に献策された。『学政管見』である。フェートン号事件を機会に、学問や学校の意味を改めて問い直している。

鍋島治茂の時代に創建された学館は、当初は物珍しさもあってか、就学者が多かった。ところが穀堂のころには小身や貧窮の侍、次男三男、陪臣などが主で、外生は十五歳以下の童子輩の稽古の場所になり、役方撰挙に学問の功が生かされないという状況であった。佐賀に、遊惰や好利、惰弱や驕奢の風がはびこるのは、学問軽視、学館教導が行きとどかぬせいだ、学問、学館は国家安全、長久の計画の最重要課題である、と穀堂は訴えた。

一部のエリート藩士ではなく、全藩士を藩内一統、共通体制で教育する。特に世禄に恵まれた安泰の大禄者ほど文武稽古に精励させ、下級の士たちは学力に応じて任用すれば、藩政に関わる者は総じて学識を備えた人材になり、町人の風俗も自然と改まると、学問に基づいた藩政運営を説いた。

この趣旨は、嘉永三年の「文武課業法」に採用され、課業未達成者は「役方に就けず」と明記した。穀堂は学問によって名利や出世を望むことは否定しない。

名利の心は本よりあり。うちの義にて何にでも善事を以(もって)出世をねがうことにならば、国家安全、長久のはかりごと、これに過たることあるまじ。(『学政管見』)

という。

佐賀藩の役割と実情を把握し、藩に忠誠で、文武両道において修己に励む有能・有用な藩士を育てるための教育は、支藩、親類、親類同格を含めた佐賀藩全般に敷衍される。『学政管見』の要点は以下のようなものであった。

一、藩の政治は人材による。学政はイコール藩治である。

一、有用な人材とは、仁義忠孝、忠直廉潔、廉直明智の徳性を持つ。儒学教育による徳性陶冶、則ち学問教育が不可欠である。

一、役方登用、人材選抜には、遊学など目に見える報奨と誘因が必要。一方で怠学への懲罰処置を示す。

一、学館においては集団教育で人材を育成する。これが藩内一統の士風を刷新し、藩士相互の連帯意識と政治意識を形成する。

一、藩内一統を就学させる方策として、軍事組織の大組編成を活用する。

一、遺料(経費)のこと、将来の拡張の必要性など、具体策も論じている。

一、学館の教育内容は儒学に限らない。佐賀藩の研究、国学、和学、算術、案文方法などの事務上の実用学、音楽、医学、蘭学などを導入する。

一、蘭学とはオランダの学に留まらない。世界一統を極めることであり、文物、学術、政治制度、経済など、先進している西洋の学である。

一、独立した医学教育機関を設立する。

一、遊学を制度化する。番頭以上には諸国の状況を知らしめる。

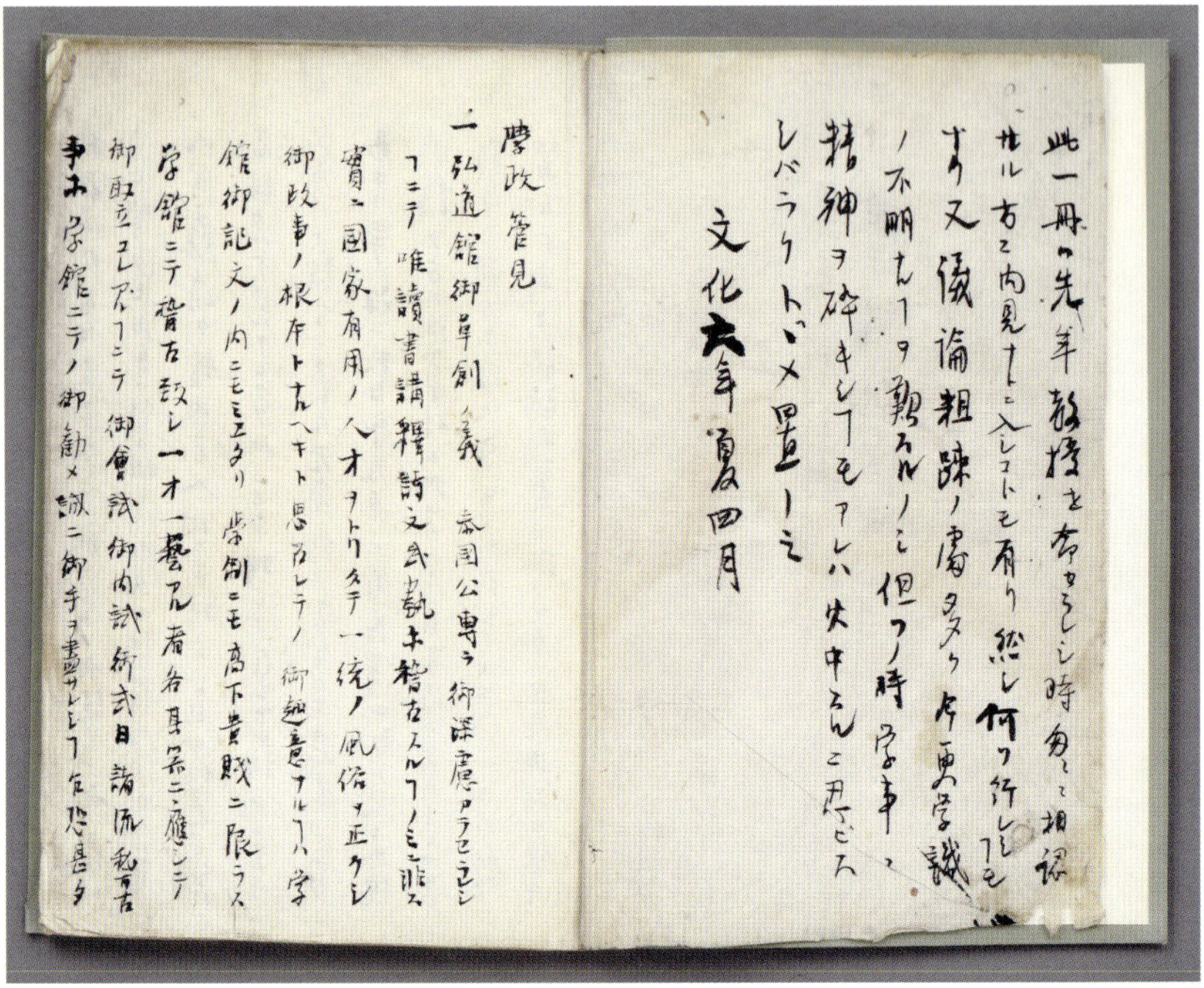

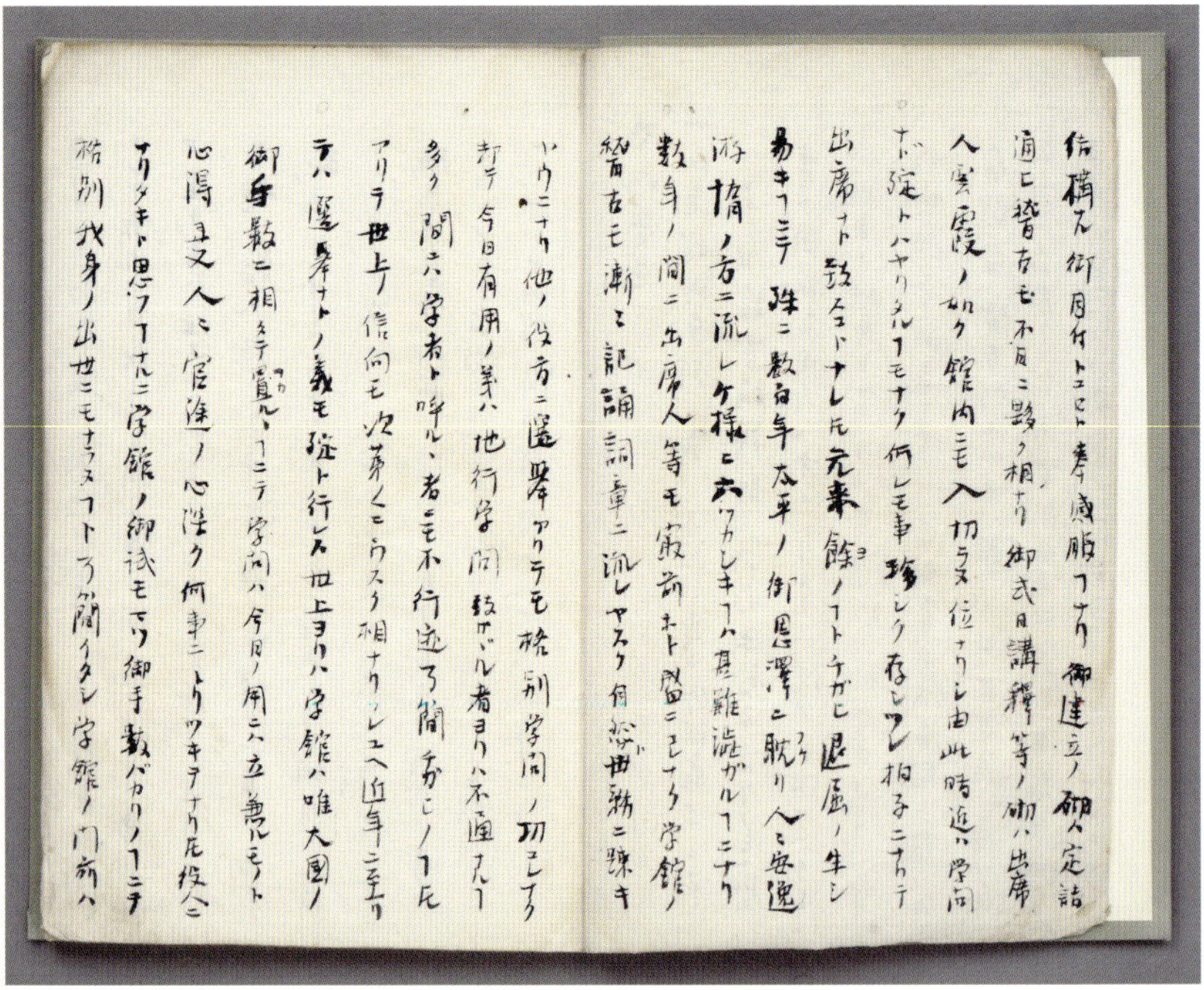

『学政管見』／公益財団法人鍋島報效会蔵（佐賀県立図書館寄託〈鍋060-1〉）

侗庵古賀先生墓（文京区・大塚先儒墓所）

一、学館を文武の総括機関とし、親類クラスを頭人として、文武権限を強化する。

儒学者が蘭学の推進を企図することは意外に見えるかもしれない。以下、該当する箇所を引いてみる。

近来蘭学大に啓けて、その学ぶところは、曾て和蘭陀の学問と云事にあらず、世界一統のことをきわめしることとなり。就中西洋諸国は、天文、地理、器物、外科等のことは、唐土・万国よりもくわしく諸人のしる処にして、この外、治国の制度等にも色々面白きことありて、経済の助けにも相なるべきなり。肥筑両国は長崎の御勤にて、万国のをさへをなさるゝことなれば、何れ蘭学の人はなくて叶わぬことなり。筑前には蘭学の家ありて、長崎の事にはたづさわる由、さもあるべきことなり。先年をろしや渡来の砌も、たれぞ海路をさだかに合点するものすくなく、万国のなりかたちは皆以て初て絵図にて見たることにて、不信向の人多きときけり。尤長崎にても格別の入用もなきことなれども、異国のやうすは大抵なりとも御国には相しれ居たきことなり。他邦よりも御国蛮学のことなど尋ることもあるなれば、これ又一人もなきは闕典の事なり。幸ひ長崎も近辺なれば、誰ぞその器量ある者をゑらばれて、稽古に遣わさるべきなり。

ロシアからの脅威をもとに、古賀精里ないし侗庵が著述した『擬極論時事封事』については聞いているだろうから、西洋の事情を知ることは切実な問題である。「蛮学」は好き事や異端邪説のことではない。

大綱ではあるが、事項は多岐に渉っている。医学寮は天保五年（一八三四）に創設された。ここに示された方向性は、四半世紀後に十代藩主鍋島直正時代にほぼ実現されたように、机上の空論ではなかった。こうした構想を実現させることによって、佐賀藩の教育、医学、洋学、軍事学は、国内のトップ水準に到達するのである。

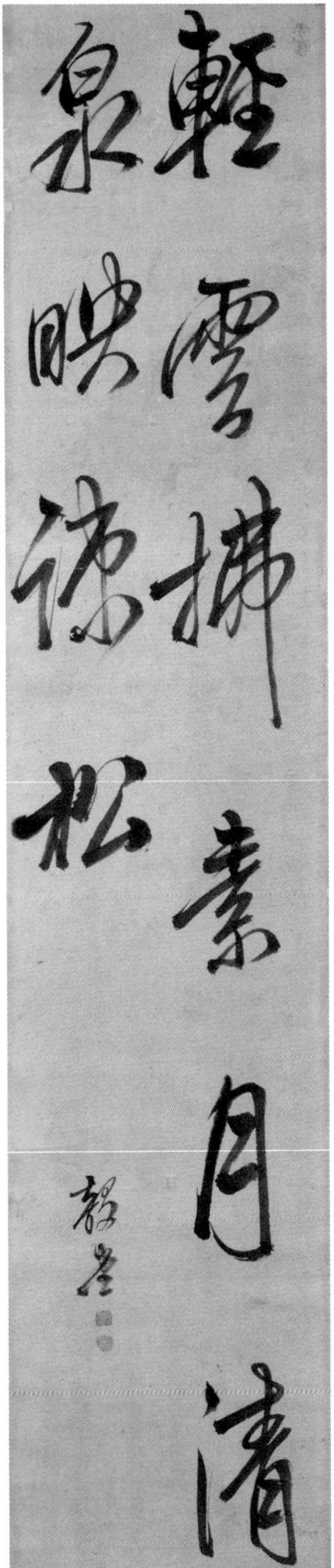

古賀穀堂書五言句　軽雲払素月。清泉映疎松。穀堂。／佐賀県立博物館蔵

第五章　世子貞丸の教導

世子貞丸の御側頭に

文政二年（一八一九）八月、穀堂は斉直に従い上府し、世子貞丸（のちの鍋島直正）の御側頭となった。以後、文政十三年（天保元年）四月に直正が入部のため佐賀に帰城するまで、江戸にあって全身全霊、精魂を傾けて貞丸の教導に努めた。

文政三年穀堂四十四歳。貞丸が七歳の学齢に達したので、傅母の手を離れ、御側頭の穀堂が侍講となった。同年の「公私要録」によると、五月朔日「貞丸様、桜田へ御出」、三日「御幟建、御納御祝、今日御整成られ候様御前様仰せ進められ、御附中御酒頂戴」とあり、五月七日には穀堂は弘道館循誘堂（藩主臨学御座所）の格式にならって貞丸に講釈を行った。貞丸は、桜田藩邸への挨拶や、山王社、神明社、西久保八幡宮への代参をすませ、いよいよ儲君としての課業が始まった。「公私要録」には貞丸についての記事が多い。

佐賀では八月、弘道館教授の高楊浦里（忠助、棐）が死去し、十一月に後任として原田復初（はらだふくしょ）が就任した。同月、教諭の井内南涯と吉村幹斎が五ヶ年の江戸遊学

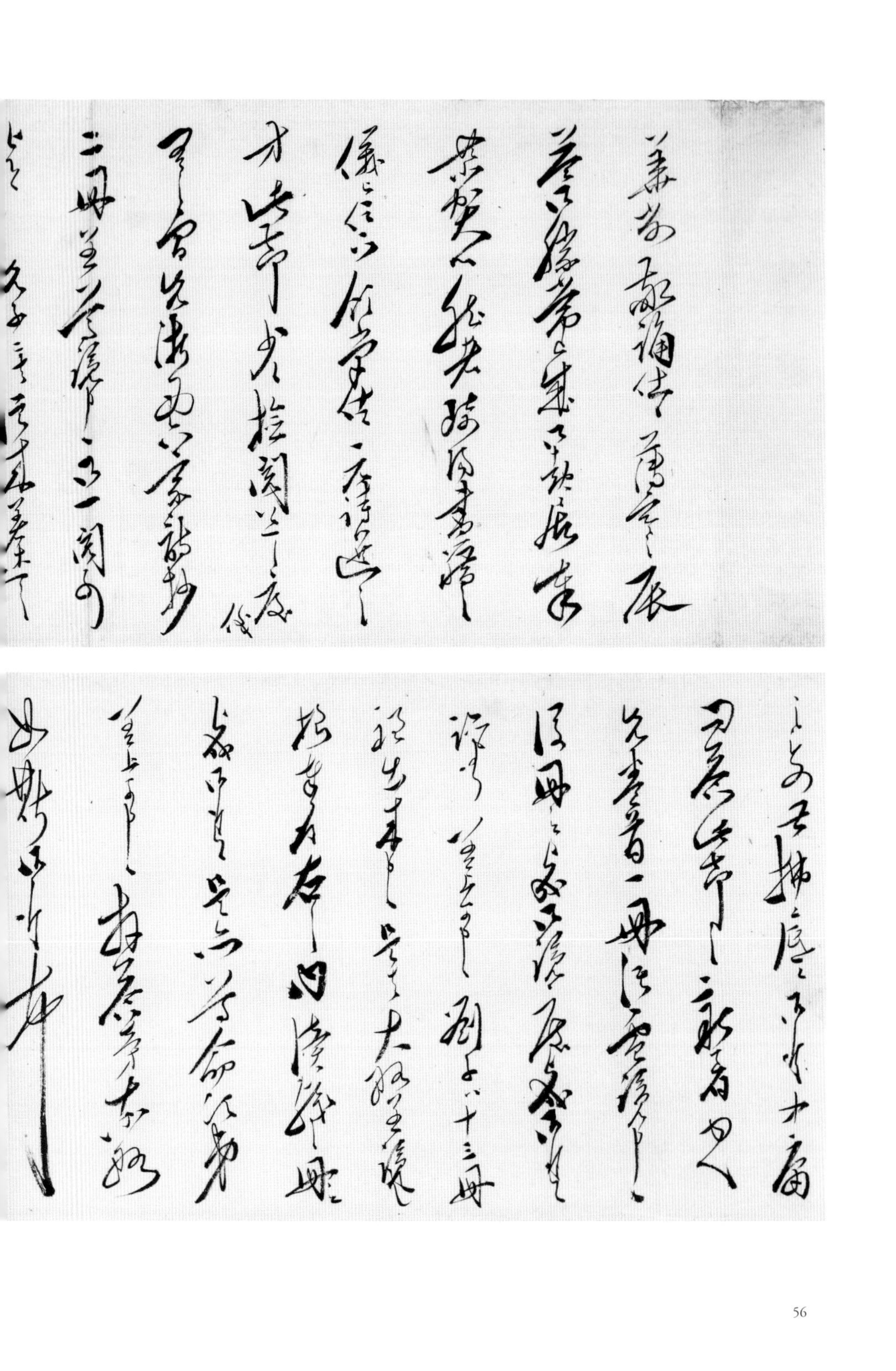

[illegible]

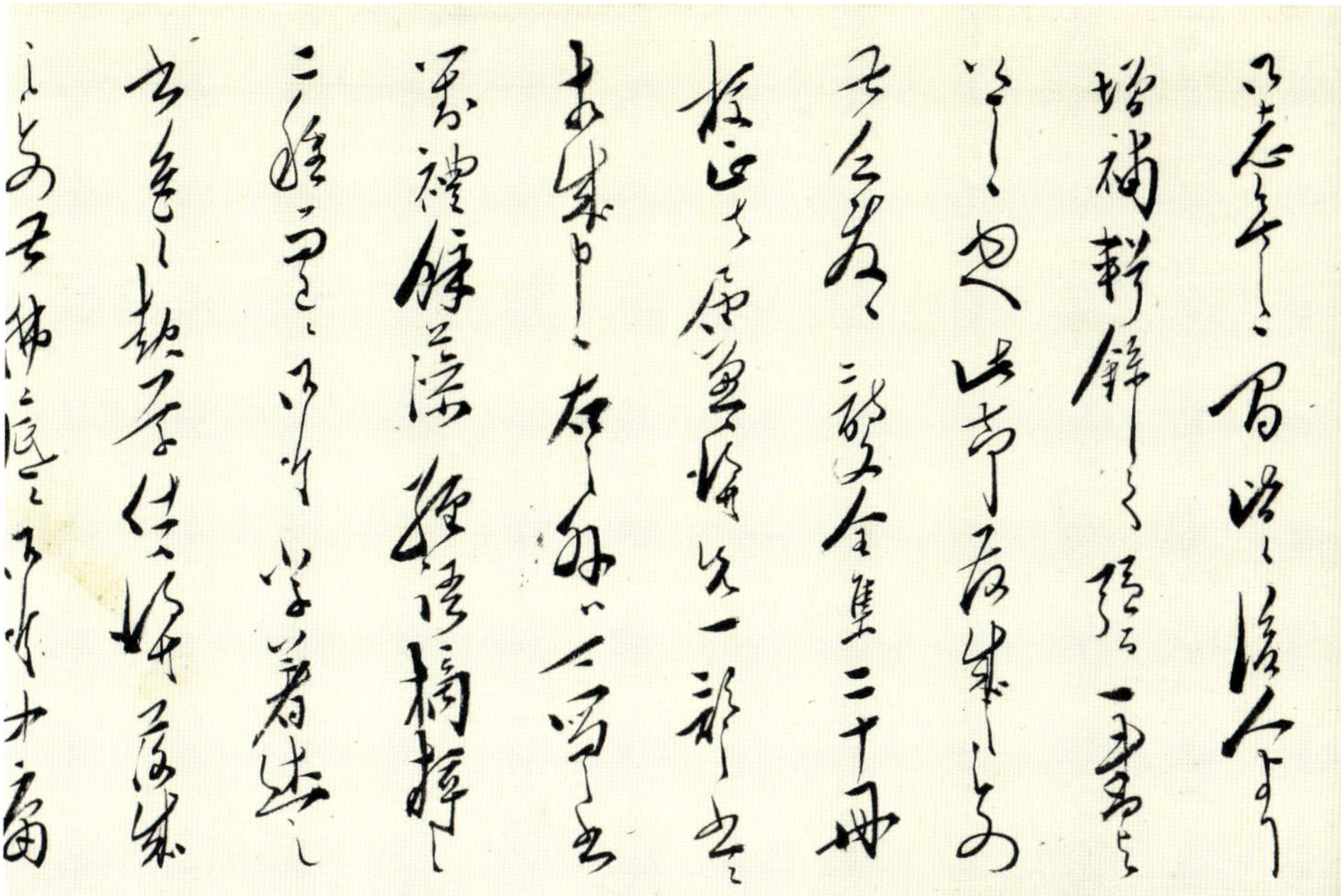

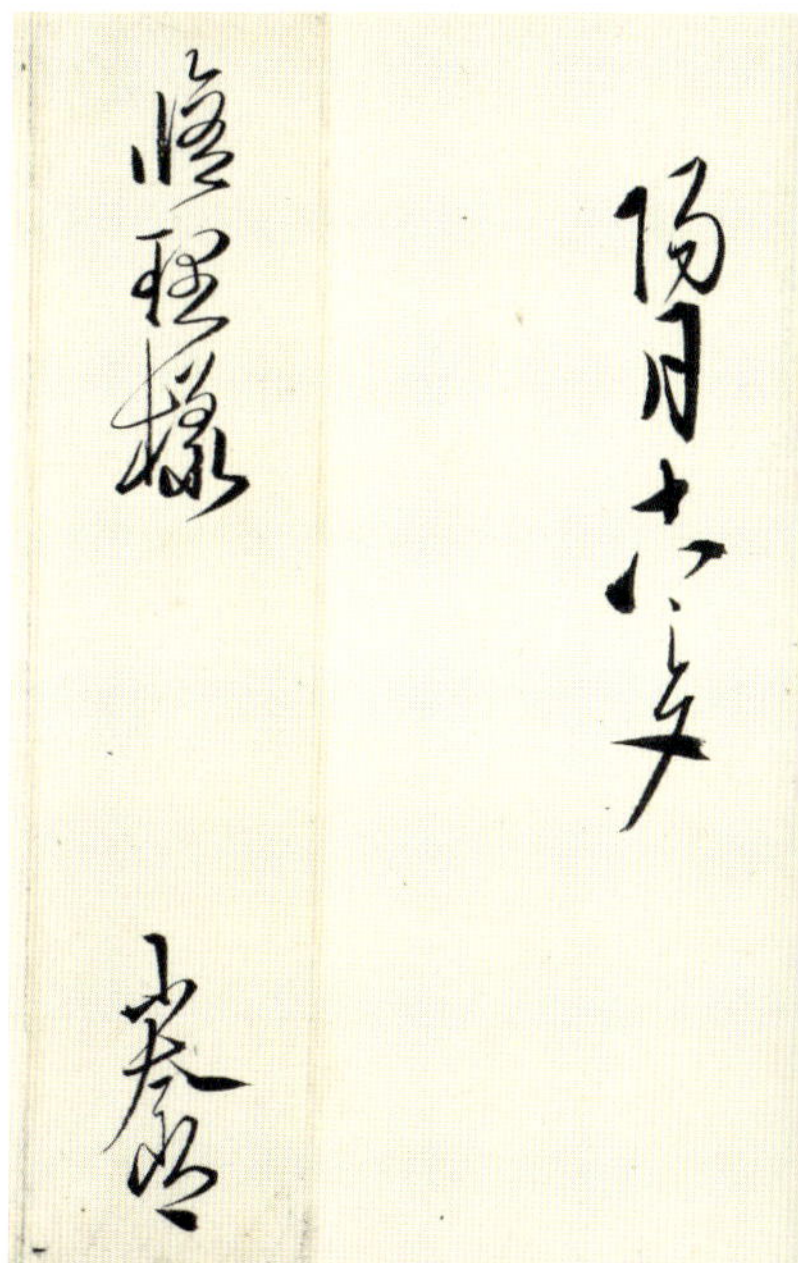

古賀侗庵：古賀穀堂宛書翰／早稲田大学図書館蔵

華書敬誦仕候。薄寒之辰益御勝常被成御起居奉恭賀候。然は崎陽書籍の儀被仰下領掌仕候。元詩選の方此節少々検閲いたし度儀有之候間先浙西六家詩抄二冊呈尊覧申候。御一閲可被下候。先子には従来著述の御志無之候間皆々後人より増補輯録に候。強て一書といたし候ゆへ此節落成のもの甚乏敷候。詩文全集二十冊校正は届兼候得共先一部の書に相成申候。右の外は可写の書対礼餘藻経語摘枠の二種而已に御座候。小子著述の書色々起草仕候得共落成のもの甚払底に御座候。中庸問答此節の新著ゆへ先巻首一冊御電覧申候。後冊にも被成御覧度被成御座候は丶。跡より差上被可申候。劉子は十三冊程出来申候。是は大略呈覧の様奉存右の内読残の冊も被成御座候は丶是亦尊命次第差上可申候。拝答旁卒略如斯御座候。頓首。

陽月十八の夕。

修理様。　　小太郎。

鍋島直正肖像（古川松根画）／『肥前史談』

を命じられ十一月二十八日に昌平坂学問所書生寮へ入学した。南涯は二度目の書生寮入学で、翌四年に諸（書）生寮舎長に抜擢された。「井内伝右衛門（南涯）、江戸聖堂諸生寮へ入、半年計（ばかり）にして舎長となり、五人扶持下されたり、学力も井内へ越候程の者も之無く、……同時、吉村東兵衛（幹斎）も斎長と申すものに成られたり」（『清風楼紀聞』文政四年）とある。井内の学力は秀逸だった。

『官私要録』『御参府中要録』には、貞丸の動静、弓術稽古始め、馬術稽古始め、浅草など江戸市中遊行、女中人員減のことなどが記されている。

文政六年二月五日、溜池邸に創設する文武稽古所の構想が示された。

二月五日、文武の面々御一覧之有り、大隅殿（倉町鍋島敬文）、納富十右衛門殿も出席、左の通り御試し之有り。

講釈　当時留学井内伝右衛門、同吉村東兵衛。

武芸　辻官大夫門弟右門弟、大体足軽並びに侍召遣とも之有り。

右相済、官大夫へ御目録弐百疋、門弟中へ右同御酒料弐百疋。

文武稽古所は溜池御屋敷内に建てられることになり、三月十四、十五日ごろには、文武稽古所絵図並びに書付が示され、三月二十二、二十三日ごろ「文武稽古所は、先達（せんだつ）て御達致し候通、場所見分相整候事」と、いよいよ明善堂構想が具体化した。

明善堂での文学指導は井内南涯、吉村幹斎が主に担当し、穀堂も時折講義し、また昌平坂学問所から古賀侗庵が出張した。

穀堂は四月ごろ「明善堂記」、六月ごろ「与弘道館諸君書」を著わしているが、これについては後に述べる。

文政六、七年、貞丸は児童後期に達し、帝王学教育が必要となった。女中による養育から離し、内外住居の差し分けを実行した。明善堂創設は、江戸詰の藩士の教育とともに、貞丸の帝王教育の一環でもあった。佐賀藩士との共同教育、心身鍛錬によって、佐賀固有の剛毅朴訥の気風にふれさせ、佐賀藩の危機的状況を実感させ、次代藩主としての課題意識と責任意識を持たせる。貞丸は知力、徳力、体力ともに天与の素質に恵まれて英気にあふれ、状況認識も鋭く、学ぶ意欲に富んでいた。

そんなか文政六年十二月はじめ、聖堂書生寮で乱心した舎生による傷害事件が起きている。「聖堂諸生寮(ママ)にて、会津藩（某）乱心致し、御国より相詰居候舎長助吉村東兵衛疵付(きずつけ)られ、諫早家来西村有蔵」それに津軽人一人も切害された。津軽人の舎長が取り押さえ、侗庵の門生が穀堂のところへ駆けつけ知らせてきたので、早速侗庵を訪ねて相談。井内南涯もやってきて書生寮へ相談したという騒動が見える。各藩から俊才たちが遊学した書生寮であるが、精神に変調をきたす学生もいた。

またこのころ藩財政は甚だ困窮し、穀堂の生活も苦しい。諸手当方も滞り、穀堂も知人に「合力」（借金）を依頼したりしている。国元では八年八月、内廷の破綻が暴露し、有田権之允と納富十右衛門が切腹した。藩財政が窮乏した責任を

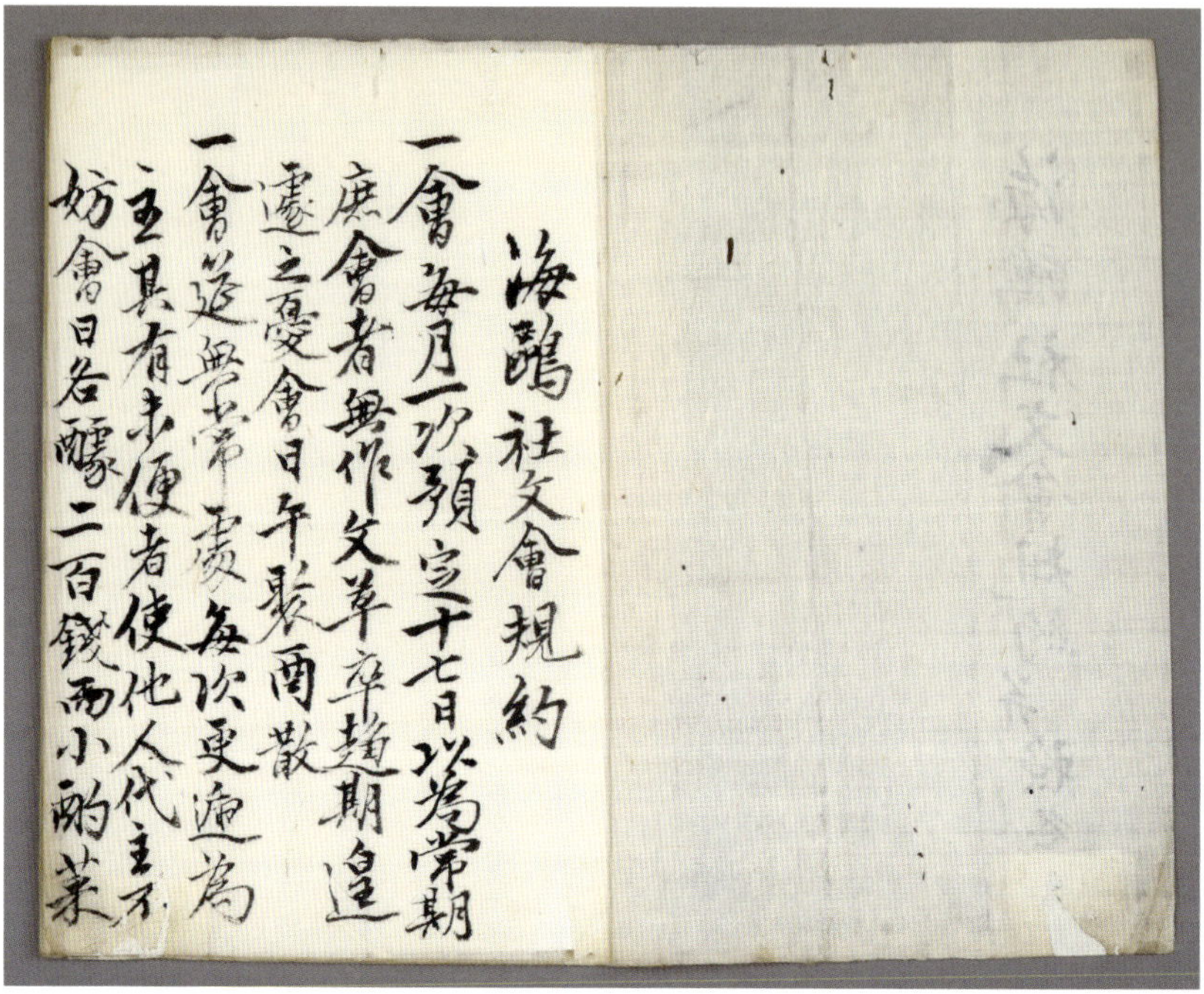

海鷗社文會規約
一會每月一次預定十七日以爲常期
凡會者無作文草卒趨期遑
遽之憂會日午聚酉散
一會筵無常處每次更迭爲
主其有未便者使他人代主不
妨會日各醵二百錢而小酌菜

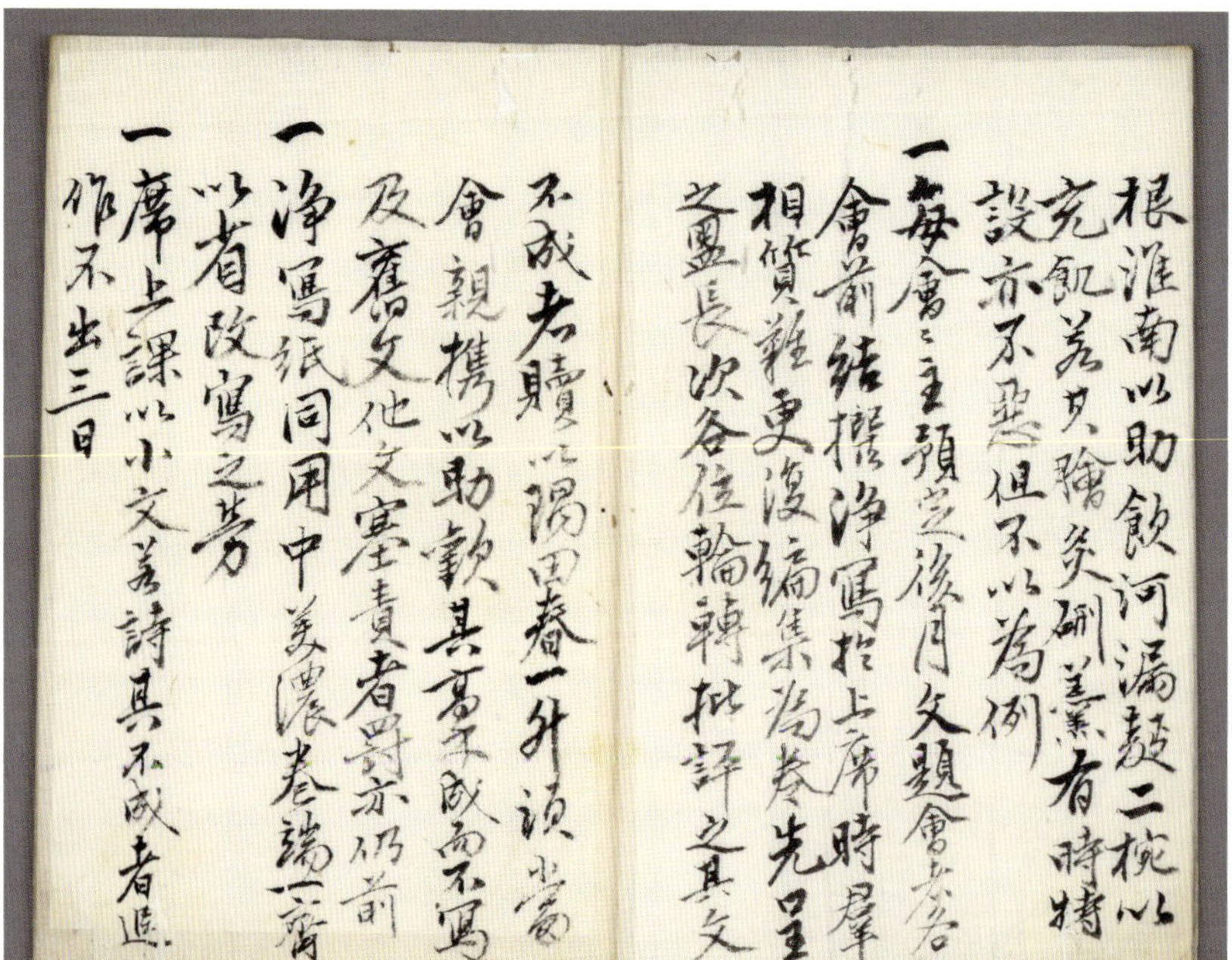

根淮南以助飲河漏薮二椀以
充飢若夫膾炙鉶羹有時特
設亦不恐但不以爲例
一每會之主預定後月文題會者各
會前結撰淨寫於上席時羣
相質難更復編集爲卷先呈
之盟長次各位輪轉批評之其文
不成者贖以陽田春一升須當
會親攜以助歡其高才成而不寫
及舊文他文塞責者罰亦仍前
一淨寫紙同用中美濃卷端一齋
以省謄寫之勞
一席上課以小文若詩其不成者追
作不出三日

「海鷗社」文会規約／公益財団法人鍋島報效会蔵

とっての悲劇だった。

文政九年一月には、穀堂が中心となって、江戸に文会「海鷗社」を組織した。規約には期日、会費、欠席届などを定めた。会員名簿には六十一名が記され、人名の上部には、出身藩など略歴が書き入れてある。仙台、津軽、久留米、出石、熊本、山形、会津、加賀、高松、佐賀などの諸藩士が加入している。作品は全く掲載されておらず、著名人はいないが、江戸参府の藩士の会として特徴がある。

穀堂の名は江戸の学界、文学界に知れわたっている。諸侯からの講義招聘や、詩会、雅会からの誘いがあった。しかし、穀堂は世子養育の役割に専心していくなかで、これに馴染まないと感じるようになっていった。

文政期、穀堂は貞丸を精魂込めて教導した。穀堂による貞丸教育について、直正が後に回顧している。

我等が成長の時は、藩中に学識あるものは只一の古賀藤馬（穀堂）のみなりしに、予は彼に就いて諮問を為し、其論談より得たる事をば自ら工夫研究して会得し、後に之を実行したり。……講釈を聞くは何も益はないぞ、予は幼時より頻りに講釈を聴聞せさせられたれど、其時は詩などを考へて能くは耳に留めざりき、自己の智徳を長ぜしめんには、講釈を聞かんよりは問答談話こそ切要なれ、種々の論談を聞いて要処は質問を加へ、それに平生の読書と実際に触れたる疑点とを討合して、工夫研究を加ふるにあらざれば、知識は増進するものにあらず、児輩にも斯く警論を与へよとのたまへり。（『鍋島直正公伝』第二篇）

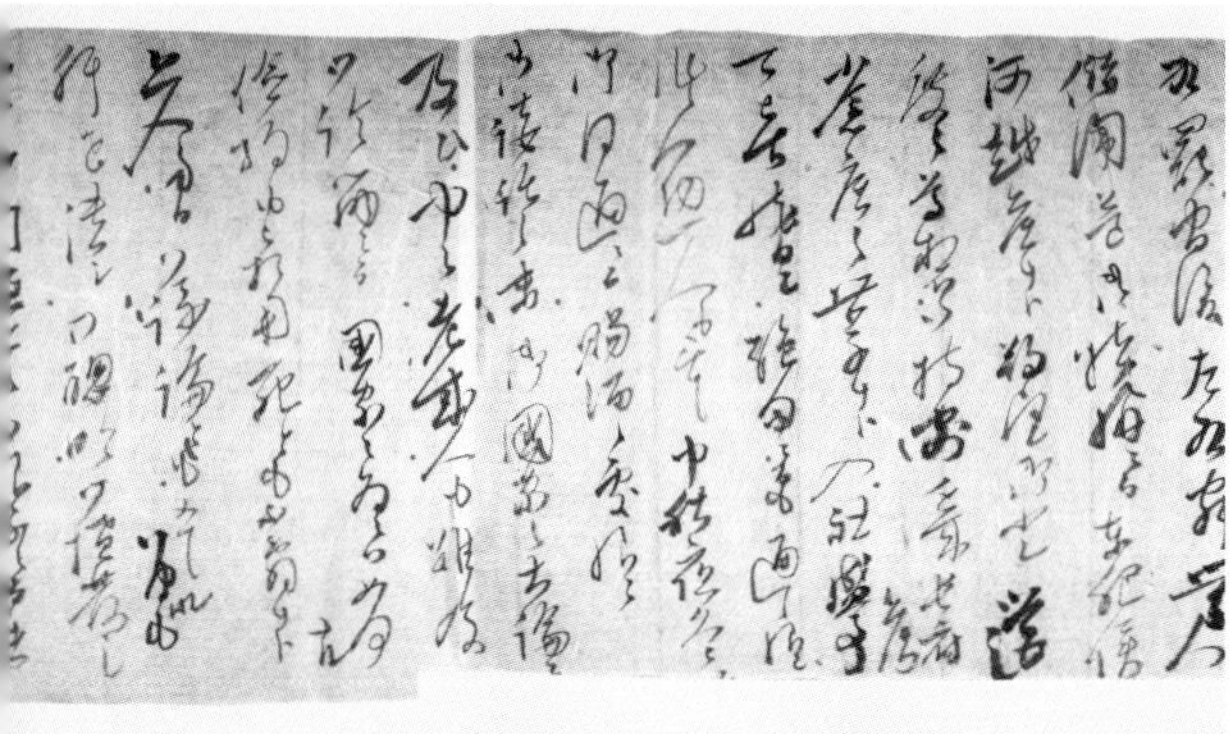

自学自得、「師は弟子の問を待ちて言を発す」「討論重視」「実地との討合」というように、実学主義の教育だった。

一方、国元の学問状況はどうか。『鍋島直正公伝』第一篇によると、文政期の弘道館経費は年一七〇石、月一四石に過ぎず、斉直が人材養成場を設けて有望の青年を抜擢して寄宿させたので寄宿生はいるが、無骨一遍の士風を重んじ、ただ御馬前の討ち死にと称して肘を張りだして威張り、学識才能を磨礪する能力に乏しく、中途に退学する者も少なからずいた。穀堂のいう「世上には学問流行せざるの概観」であった。学問軽視の弊風が藩を掩っていたのである。

文政十二年（一八二九）ころになると、国元の藩政の停滞不振に穀堂は焦燥感に駆られる。一方、「天資岐嶷」「英気非常」「勤敏」「輔導を誤らなければ龍駒鳳雛」、必ずや天下の大人物になるだろうと期待をかけた貞丸は、藩の切迫した現状をよく認識し、危機意識をもった責任感の強い世子として成長していた。新藩主が襲封し、改革に着手してくれるのが待ちどおしいという焦りと、同時に望郷の念は募るばかりであった。

文政十二年八月二十一日に草場佩川に宛てた書翰には、井内南涯の罷官についての密談が記され、当時の穀堂の複雑な心境と本音が綴られている。

この書翰に先立ち、穀堂は七月二十日付で「南涯罷官一件」について密書を「極秘」に送っていた。穀堂は江戸に居たが、井内南涯が組内からの達しで、「勤方宜（よろ）しからざるに付、勤に及ばず」とされた。穀堂は冤罪による罷官とみていた。

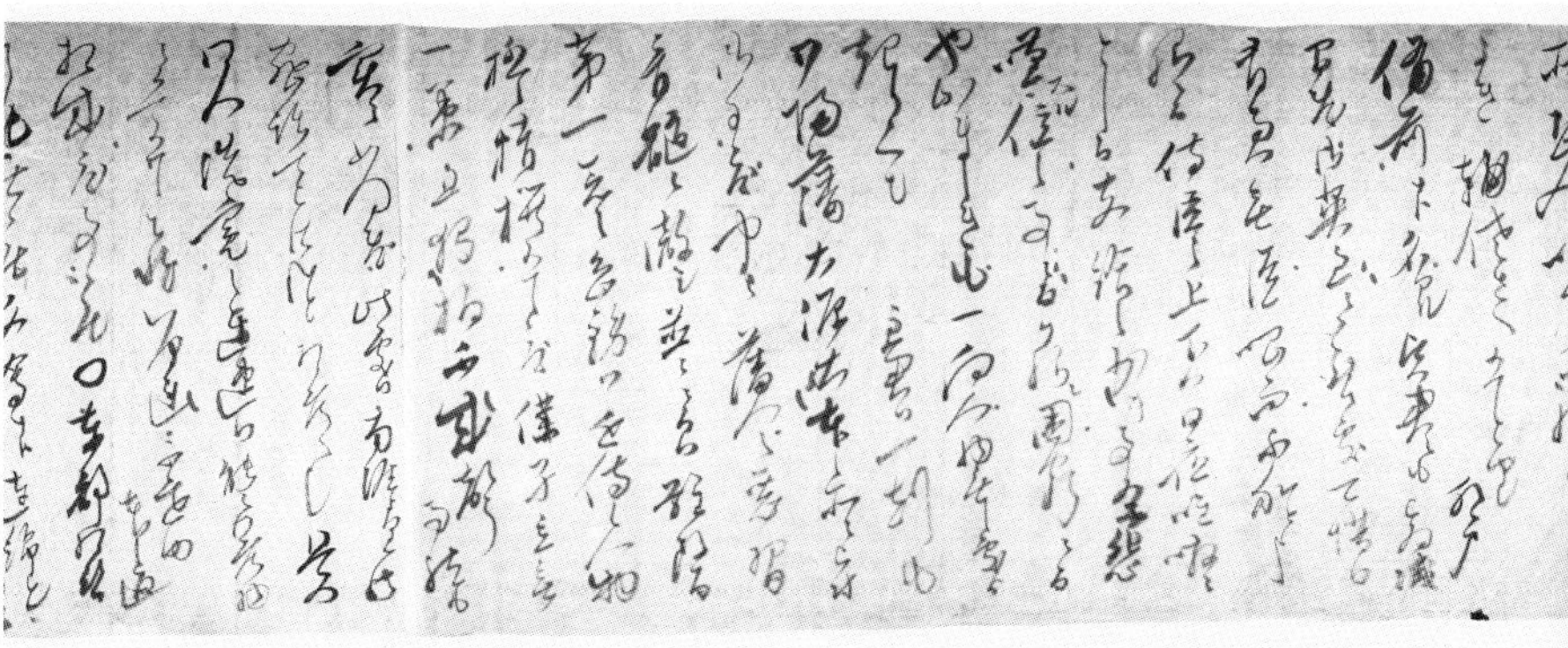

古賀穀堂：草場佩川宛書翰（部分）
多久市郷土資料館蔵

南涯は日夜心魂を砕いて格別に藩政更張（緩みを正し盛んにする）の功績がある、褒賞があってもよいくらいなのに、罷免は讒言による遭罪であり、佐賀の悪習がいまだ改まっていないと慨歎している。八月二十一日の書翰はその続報でもあるが、藩政の停滞は猶予ならない、早く直正襲封が実現して改革事業に着手しなければという焦燥感が見え、直正への期待と信頼がうかがえる。万感の思いと心境を包み隠さず「不世」の友人佩川に吐露している。

儲闈（ちょい）（世子直正のこと）益（ますます）御結構にて、（中略）中秋夜久々に御目通にて賜酒候処、様々御談話の末、御国家の大論に及び、中々老成人も及び難き御論辯にて、国家の為には如何なる倹約も相用られ、死（しす）とも辞せずなど恐入（おそれいり）たる御議論とも之有り、いづれも肝を潰し、御聡明御憤発の所に恐入候。唯今の御様子にてはよき輔佐さえ之有り候はゞ、水戸、備前（池田光政）など名ある賢君にも減じ為さる間敷御英主に御座候処、惜（おし）む可（べ）くは「有君無臣、唱て和せず」と申様にて、侍臣の上下は日夜唯嗷々（ごうごう）（多くの人が心配して騒ぐ声）として支給の少なき事条怨嘆する位の事にて、ヶ様に困窮にてやかましきも一向人物之無き処より起り候へば、主君は一刻も御帰藩、大源大本の所々御手付けられ度、中々藩人の悪習骨髄に徹し、並々にては医し難（いやしがた）く、第一着の急務は近侍の人物極々精撰之有り度、僕孑立（けつりゅう）一策無く、且（かつ）独拍声成らざる事体も実に如何敷、此処は南涯より御密話仕らる可き哉と相考へ申候。且又同人洗冤の遅速は能々（よくよく）御考物にて之有る可く、然乍（しかしなが）らいづれ遠からざる内、本の通相成度事御座候。

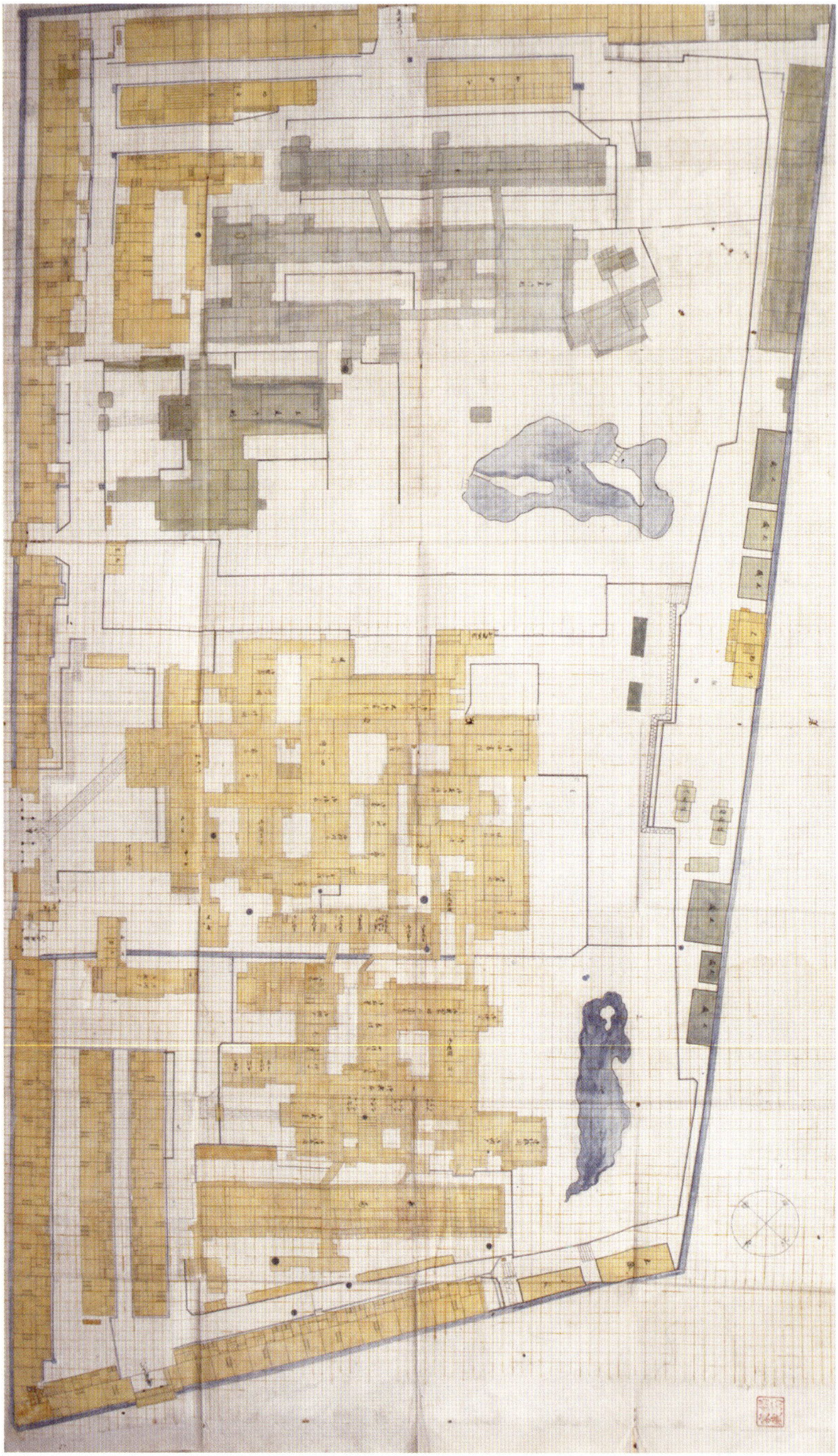

溜池御屋敷御殿向其外御絵図　左上部に「明善堂」が記されている。／公益財団法人鍋島報效会蔵〈佐賀県立図書館寄託〈郷 0938〉〉

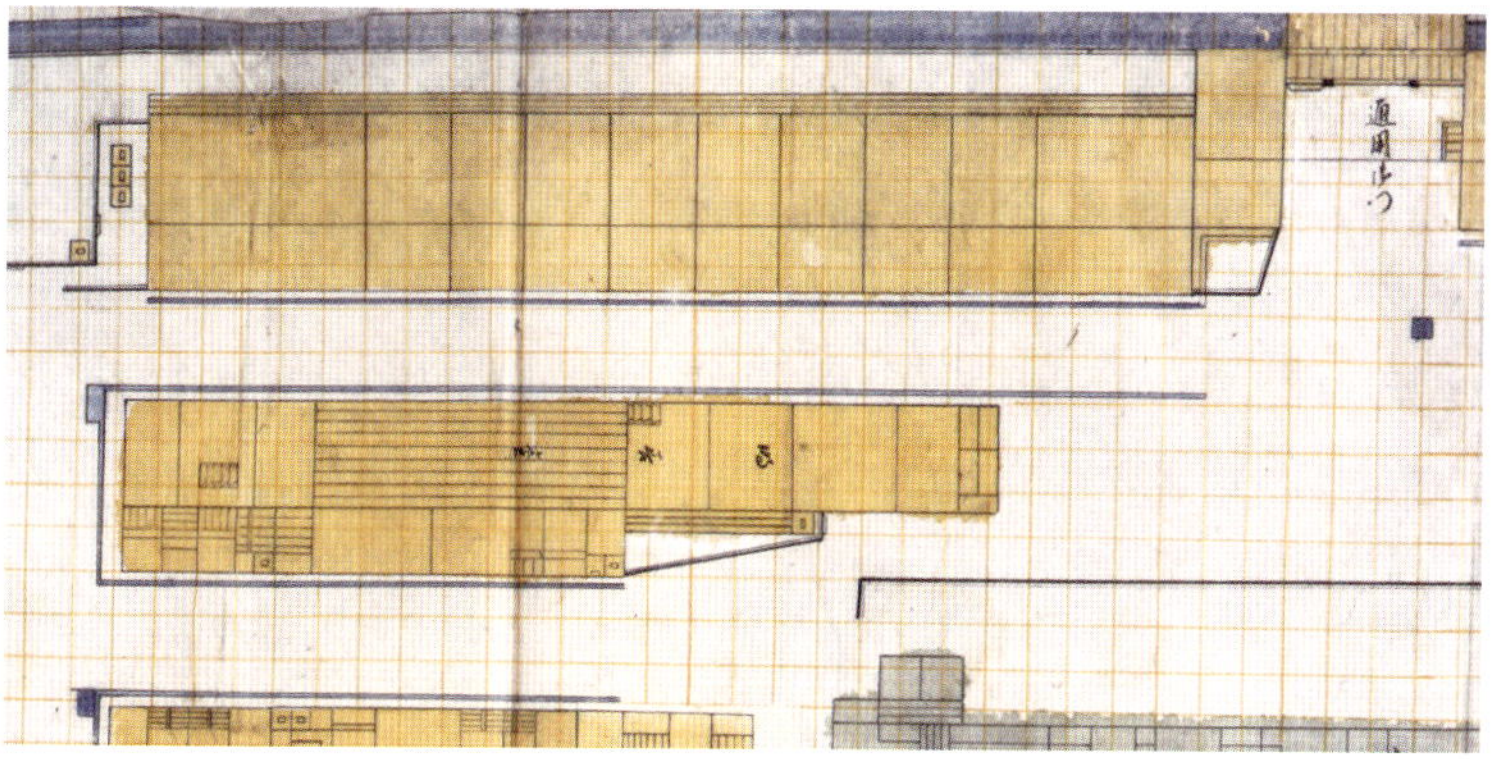

ここでも穀堂は世子貞丸の次代藩主としての責任意識と覚悟に驚嘆し、一刻も早く帰藩し、よき側近を精選し、藩の窮状を打開して更張事業に着手することを切望している。しかし藩人の悪習は骨髄に徹し、容易には直しがたく、孤立して一策もなく、実に如何ともしがたい事態にあると嘆く。当時罷免されていた東宮側近候補の井内南涯の冤罪解除復職を待望している。南涯の冤抑が解けて登進できたのは天保元年十月になってからであった。

穀堂の内心には、文雅にひたり悠々自適、飄々とした文人として、ストイックに学問を追求する儒学者でありたいという願望もあった。しかし、家臣領民を安寧に導く政治も学政一致の道徳実践であって、逃げるわけにはいかなかったのである。

明善堂記

文化六年（一八〇九）四月、明善堂創設にあたって、穀堂は「明善堂記」を著わした。原文は漢文であるが意釈を試みる。

三百諸侯が一年の間隔で在府し、各藩の臣僕は留守居として江戸藩邸に滞在すると、たちまち都会の悪風に染まり、自検の道を知らぬのが常である。我が栄城は江戸から三千里の僻地に在り、衣服飲食から言語動作に至るまで各々に士風があるが、江戸にやってきて一たび浮華の都俗を観ると、自らの田舎臭さを恥じ、剛直粗野の士風はたちまち軽薄奢靡の都俗に一変する。それを揚々と誇らしげに語れば、周囲の人々はそれに倣（なら）い、たちまち一邸から一郷、一郷から一藩、一藩からさらに天下へ伝染し、終には天下の人々の外面を変化させ、その心をも掘鑿するに至るのである。これが国脈の衰える所以（ゆえん）であり、根本を乱す所以である。深く懼（おそ）れ戒（いまし）めなくてはならない。これを救う道は、人心を堅定し、都俗に染まらせないことであり、それを為すのは学問をおいて外にない。

江都は人文の淵叢で学を講じる者は頗る多いが、その多くは考証に流れ、文章の修辞や字句の虚飾にはしり、心身を修練して家国に貢献しようとする者は誠に少ない。我が栄藩の中邸は溜池畔にあり、儲君貞丸公もここに居る。たまたま千布大夫（利雄・紫山）が藩邸更張（綱紀粛正）の事を管理し、建議して溜池の邸で学問を講じることとなった。名づけて「明善堂」と言い、藩邸に仕える者や、まだ官に就いていない子弟たちを入学させる。「明善（善を明らかにす）」の義は『中庸』に見られる。今はそれについて論じないが、ひそかに千布大夫の志を推し量ると、人心を堅定して都俗に染まらせないようにし、考証や文辞にばかり熱心な学問の在り方を一新し、心身を修練して家国に貢献することを急務としたのであろう。

ましてや儲君はまだ幼少で、国情も艱難の時である。実を取って華を捨て、人々に進むべき道を知らしめることができなければ、どうして人々の耳目を一新し風紀を正すことができようか。建学のことは至って緩やかなように見えるが、実は至急を要することである。剛直粗野は守り難く、軽薄奢靡には染まりやすい。人々の弊習は深く、ある者はうわべだけ従ってものを言い、ある者は新しいものを見てはすぐに飛びつくという有り様で、未だ心身を修練し家国に貢献することができない状態である。それなのに学問を誇ったり、蔑視して形を真似たりするだけで、千布大夫による創学の盛挙に副わない事態にならないかと恐れるばかりである。故に我は一、二の同志と発憤して精魂尽くし、努めて実学を講じ、心志を堅定して都俗に染まらず、主君のため民のために身を捧げる所存である。

こうして、一邸において善い変化をもたらすことができれば、そこだけに留まらず、一邸から一郷へ、一郷から一藩へ、一藩からさらに天下へと広がっていくであろう。そしていつの日か都下の人々をして、「当今の世、有用の学を講じる者は、佐嘉藩邸の学より始まれり」と謂わしめようではないか。これ誠に快事ではないか。我が藩には既に弘道館があって人才を教育し、その人文の盛んなることは口碑に上っている。さらに今、明善堂がこれを継承する。これは内には有用の実学を収め、外には我が藩邦の盛んなることを鳴り響かせるものである。我が藩邸に在る者よ、努め励めよ。

弘道館諸君に与えるの書

文政六年（一八二三）六月二十日、穀堂は「与弘道館諸君書」をしたためている。ただし、この文章が誰宛に示されたものかは定かでない。この文書の所在は

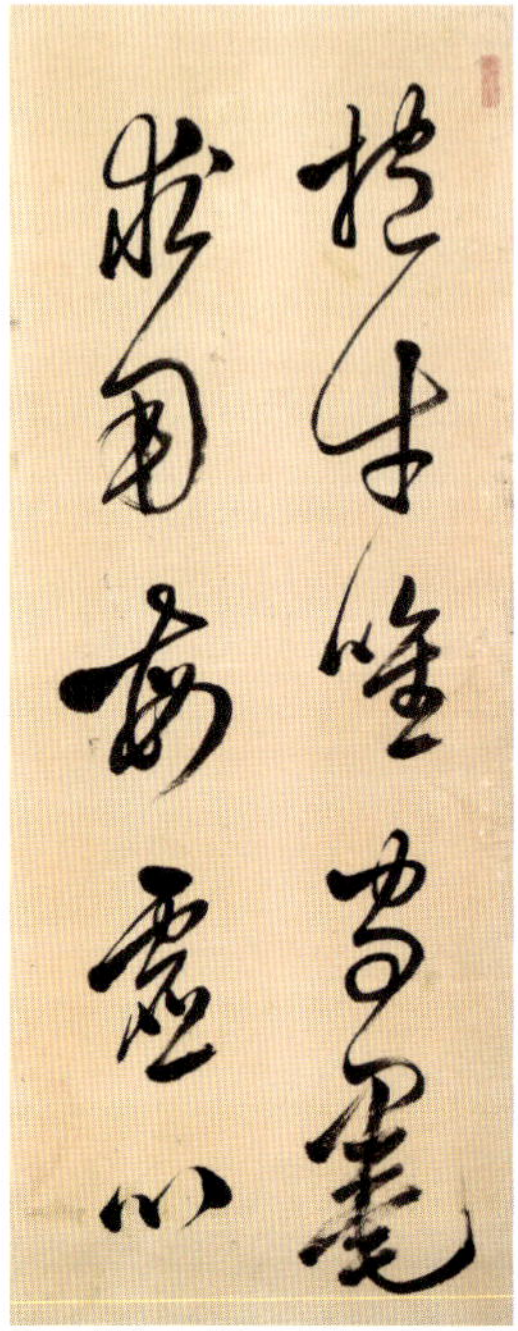

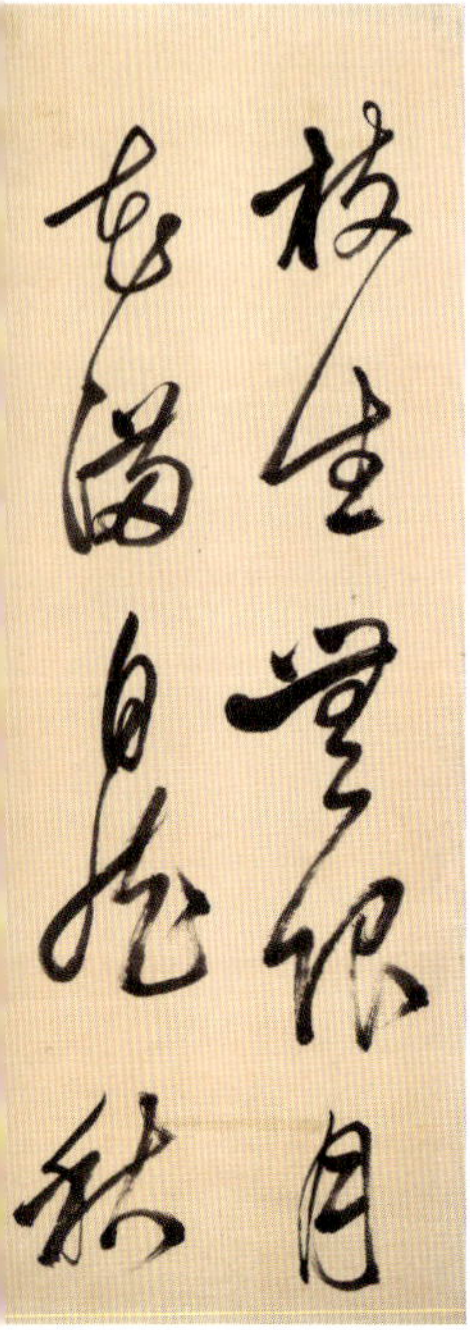

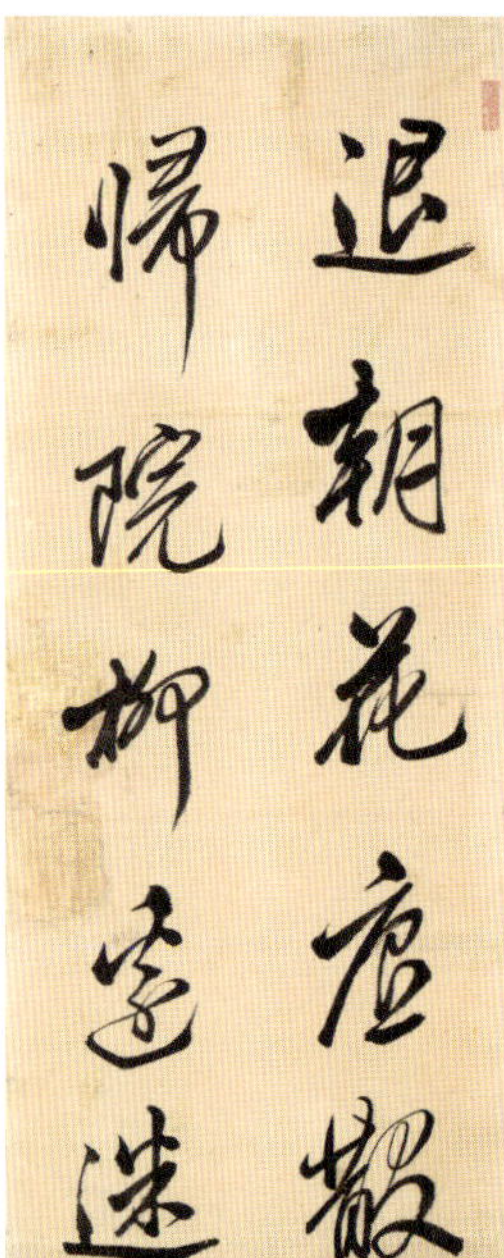

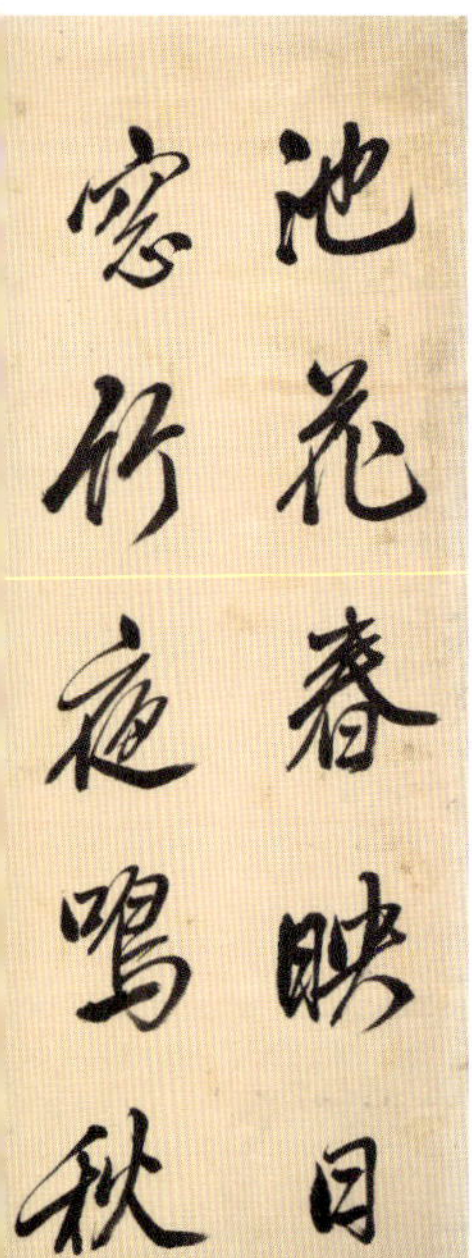

退朝花底散。帰院柳辺迷。（杜甫「晩出左掖」）
池花春映日。窓竹夜鳴秋。（李白「謝公亭」）
客散青天月。山空碧水流。（同右）
水寒留客酔。月上与僧還。（許渾「秋思」）
古樹老連石。急泉清露沙。（温庭筠「題盧処士山居」）

古賀穀堂書摘唐宋詩句／佐賀県立博物館蔵
抱才唯守墨。求用每虛心。（李山甫「賛歙硯詩」）
還携新市酒。遠酔曲江花。（李廓「長安少年行」）
枝生無限月。花満自然秋。（李嶠「桂」）
纔穿遠林去。已在孤峰上。（陸亀蒙「樵子」）
荷鋤山月上。尋徑野煙微。（梅堯臣・五言律詩）

現在不明である。『古賀穀堂先生小伝』に所収の文書が貴重な資料である。内容は佩川宛書翰などにあらわれた穀堂の心境と共通し、古典からの豊富な引用が認められることなどから、穀堂がしたためた文書とみて間違いない。

次のような趣旨である。

一、弘道館の生徒に勉学の主意を知らせ、風俗を正すことを忠告する。弘道館が学政更張ひいては藩政更張の拠点となることを期待する。

一、世子への大きな期待、世子への帝王学教育の方針を示す。明善堂は世子と藩士が共に学び鍛錬しあう場である。

一、切迫した藩の現状への穀堂の強い危機意識を示す。

一、当時の江戸の学問界、詩文界に対する穀堂の立場を示す。

まず、弘道館諸君が厳しい現状の中で怠ることなく学問教育の維持に努力していることに敬意を表する。続けて、江戸藩邸では負債が山積し困窮は五年を重ね、財政再建は難しく、いまだかつて一日も安らかに眠ることはなく、贅沢な食事をしたことはない、しかし幸いに世子に大きな期待をよせることができるという。以下、意釈を試みる。

幸いに儲君は天資岐嶷（幼少の時から才知が人より優れる）にして英気非常である。さらに学問を好み勤敏であり、婦豎（宮廷内の小臣をいやしめていう語）に狎れ親しむようなことがない。されば今日より、晩成を卜することは早計であるが、いやしくもよく教導補弼するならば、龍駒鳳雛（聡明な少年、神童）は必ずや天下の大人物として御成長遊ばされるであろう。僕、傅長（養育責任者）の職を承けるも、力及ばず大任を果たせないのではないかと心配していたが、幸いにも旧友の千布大夫や納富内相が更張（綱紀粛正）に力を尽くしてくれた。私の贅言も取り入れられて、東宮を内外に分け、儲君を婦人の手から離して養育し、さらに侍御を置き、井内南涯を昌平黌寮中から抜擢して侍員とし、丹羽（久左衛門）、永渕（忠太夫）、古川（与一）らの数子、新旧相交えて左右に侍らせた。彼らはみな館中の学生から選抜した者である。

また文武の講場を溜池邸中に設け、文学（学問）は井内、丹羽ら数子が主となり、僕もまた時々訪ねてこれを監督し、武芸は逵生（辻官太夫？）が取り仕切った。読書の声と撃剣の音が相応じ、通行人は立ち止まって耳を傾けた。往日の球弦を操って、都の華やかな曲を演奏していたころと比べると、雅と俗、天と地ほどの差があり、たちまちの間に旧観は改められたのである。ただ、弊習は深く、病は身体深く入り込んでいる。また、僕は口に過ぎるところがあり、姿態が粗硬であるので、疑いの目で見られたり、根も葉もない噂が立つこともあった。しかし、これはこの世の常事である。天意に任せるしか道はなかろう。役所が退けたあと、小洞天（書斎の名）にただひたすら坐し、時には書物を開き、酒を楽しむことで自らを癒した。密かに思う、藩邦の興廃安危の分岐点は正に今日にありと。それなのに、藩政府の諸公が謀議諮詢しているところはど

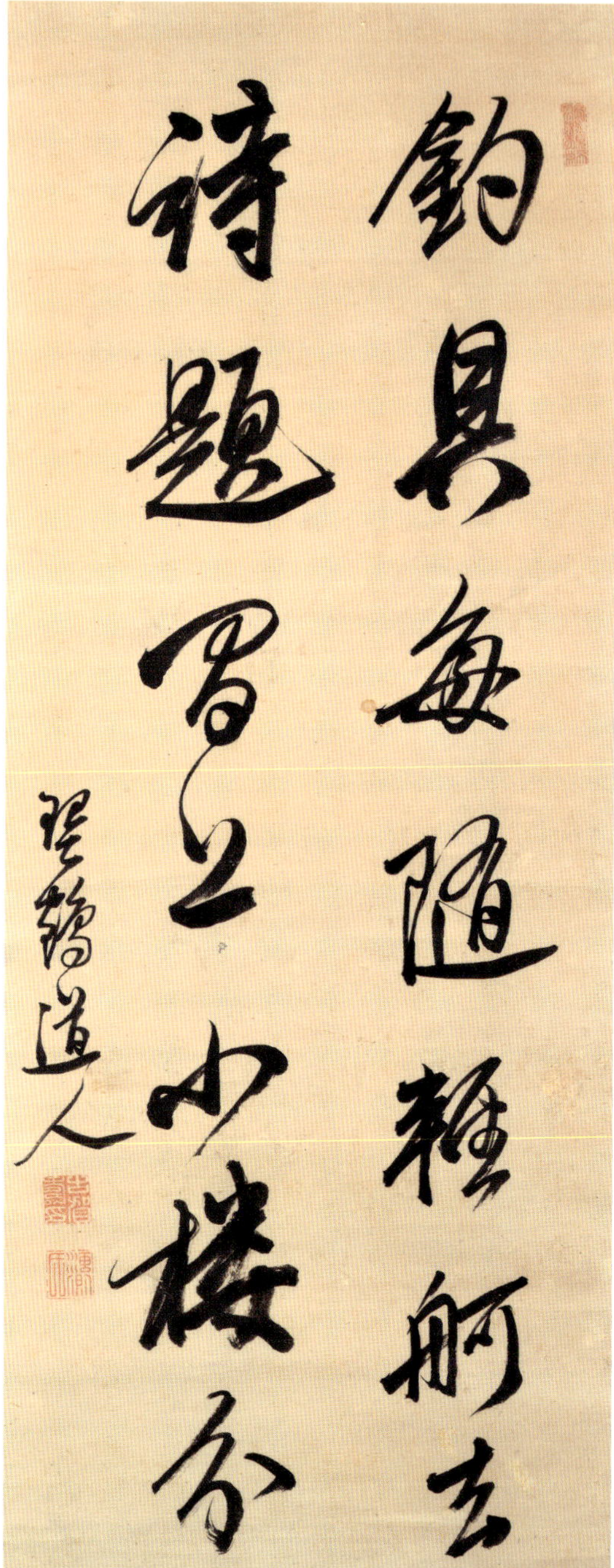

古賀穀堂書　釣具毎随輕舸去。詩題間上小楼分。琴鶴道人。（陸亀蒙「懐楊台文楊鼎文二秀才」句）／公益財団法人鍋島報效会蔵

うか。藩の人々が日夜仰ぎ望み期待するところはどうか。学校が時事を策論するところはどうであろうか。僕はかつて、現在の急務は我が藩の根本を培うにあると論じた。我が藩の根本とは何か、それは儲君である。そしてその根本を培う方策とは侍臣を選ぶことである。官において人選が重要であることは内外上下を問わないが、中でも厳選しなくてはならないのは、幼主の侍臣である。そうであるならば、我が藩中から薛居州（戦国時代の宋の賢臣）のような賢人を推挙し、これを鑑定するのがよい。そして、その賢人たちをして、同声相応じ同気相求め、一心に奉公して二心なからしめるならば、救出できるだろう。今や緊急を要する状況である。この時にあたり、半ば強引にでも策を講じなければ、互いに責任を押し付け合い問題を先送りするばかりで、手遅れの状態になってしまうであろう。願わくは諸君がこのような状況を理解し、対策を議論して、藩邦の人心をして向かうべき所を知らしめ、三千里の外より支援してほしい。精神の通ずるところ、公論の存するところ、鬼神は必ず助けて下さるものである。そうすれば、かの反目流言する者たちは恐れおののいて自ら反省し、敢えて抵抗することもなくなるであろう。これは僕一身のために言っているのではない。腹の底から溢れ出る熱き思いを述べているだけである。どうか信じていただきたい。

僕は江戸で官職に就くや、職責を果たさず無為に食禄を得ること多年、禽獣のような粗野の性質で、全く都の俗には適応できない。豪勢な高官の屋敷（佐賀藩溜池邸）に居るものの、心はいつも松水の堂（松原の水辺にある堂、つまり弘道館）と精里の庵（佐賀城下、精の里の粗末な自宅）にある。平生の交友は広くないことはないが、二、三年来、以前にも増して束縛され、風流文雅の士との交流は途絶えてしまった。しかし、往く者は追わず、来る者は拒まず、その時々の境遇に随うままである。

昌平黌は父母の郷で、弟の侗庵と月に一度会うことが何よりの楽しみである。昌平黌の学生数の多さは往事に勝る。井内南涯は粗試歴塊（歴史の重要部分をほぼ把握）、吉村幹斎（通称祐平）・西鼓岳（多久家家来）の二子もまた駿馬が市中を馳せるがごとく、評価は益々高まり、舎長となり斎長となり、我が佐賀藩の文才の隆盛は世の人々の話題に上り、広く知られるようになった。

現在、江戸、全国、関西の学問界・文学界で活躍している者をあげれば、淡海の蒲生、豊後の中島米華、大田錦城、佐藤一斎、詩人では大窪詩仏と菊池五山が双璧で、書画では市河米庵（市河寛斎の子）と谷文晁が称賛されている。葛西因是（文政六年没）、立原翠軒（文政六年没）の二人が相次いで亡くなったが、これは文運の大厄である。文教の盛事は二十年前と比べ実に慨嘆すべき状況である。関西では、最近頼山陽と亀井昭陽ばかりが話題に上っているそうだが、これは一面的評価をうのみにするもので、外にもいるはずだ。菅茶山（かんちゃざん）や頼杏坪（らいきょうへい）のような耆宿（徳望と経験をもった老人）は、巋然（山高く特立しているさま）として今なお存在し、篠崎小竹（しのざきしょうちく）や柴碧海（しへきかい）（柴野碧海）のような諸文学もまさに大鈴を振るいつつある。それなのに、どうして頼山陽と亀井昭陽の二子だけを賞揚し、他を切り捨てるのだろうか。佐賀では戛玉翁（山領主馬）が亡きあと後継者がいない。西肥から声が聞こえないのは寂しい。

林鐘念日（陰暦六月二十日）　古賀燾頓首

穀堂の熱誠が吐露されている。活躍中の学者や文人たちの多くが、かつて父精里が眉をひそめた放逸な青年文士たちで、彼らは今や時代の有名人となっている。あわせて穀堂の詩「明善堂発会時将有東宮入藩之事」（『琴鶴堂詩鈔』巻二）を掲載する。

明善堂発会時将有東宮入藩之事
明善堂発会の時、将（まさ）に東宮（太子、直正）の藩に入るの事有らんとす

経筵培国本　経筵　国の本を培い
黌舎会同人　黌舎　同人に会す
梅外語含笑　梅外　語　笑いを含み
鶯辺詩競新　鶯辺　詩　新しきを競う
書生独白髪　書生　独り白髪
藩邸絶紅塵　藩邸　紅塵を絶つ
屈指西帰日　指を屈す　西帰の日
将随有脚春　将に随わんとす　有脚の春

――経史を講じる席で国の土台を培い、黌舎で志を同じくする人々と会する。

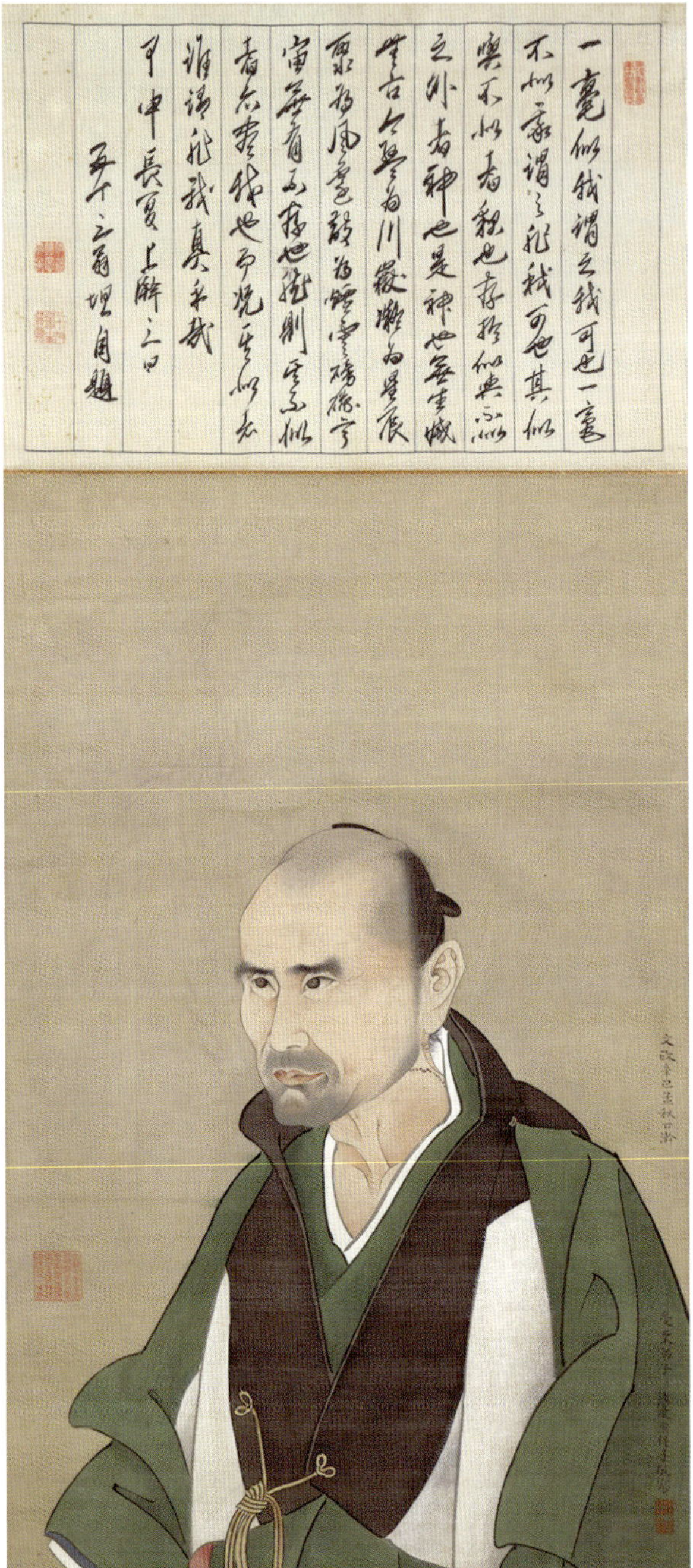

佐藤一斎肖像（渡辺崋山画・佐藤一斎題）／東京国立博物館蔵（Image:TNM Image Archives）

梅の花が香るあたりで彼らと談笑し、鶯が囀るなかで新しい詩を競い合おう。ただ独り老人であるわたしは、藩邸の中で俗塵を絶って暮らしている。指を折りながら待ちわびるのは西（佐賀）に帰る日、行く先々で人々に恩恵を与える陽春（ここでは世子貞丸を指す）に随って帰るのを……。

第六章　天保の藩政・学政改革のはじまり

藩政と学政の改革をめざして

文政十三年（天保元年・一八三〇）、第十代藩主を襲封した直正は、同年閏三月二十二日、家臣、領民の熱い歓迎のなか佐賀に入封した。この日を待ちのぞんだ穀堂も共に帰着した。

『清風堂日乗』は、帰国直後の日記である。冒頭に次のように記す。

自分は三十余年にわたり東都と往来し、そして今から十二年前に儲君の傅となり、東都の藩邸に居た。今ここに庚寅の春、儲君は襲封し藩に帰られた。自分もまた随従して城西精里の旧宅に帰った。松や菊は荒れ果て、物はあっても人はいない。唯一、豚児（息子大一郎）と小部屋に対座し、局に上る以外は、枯れた禅僧の心境である。傷み悲しみは極まるが、またさっぱり清らかでもある。なんとなれば、豪華な建物は変じてひっそりと淋しく地味な郷となり、殺伐の気持ちは融けて温和の心となった。これは楽しみとすべきか、慨嘆すべきか。

旧によって郷里に居る楽しみを日録する。

待ちに待った新藩主の治政である。藩政改革に向かう直正、輔相する穀堂、意気投合する弟洪晋城、井内南涯、牟田口天錫、永山二水、吉村幹斎、武富圯南、本田郁助。同志たちの奮闘が始まった。

天保期の穀堂の活動は四つの方面に大別できる。一つは、内局中枢の直正御側役。進んで御年寄相談役さらに年寄を務め、参謀役として直正の改革政策遂行を補佐し啓沃（指導助言）することである。二つめは、重役官僚としての行政活動。三つめは、儒学者・文学者としての活動。四つめは名門古賀家の頭領としての活動である。

『済急封事』

直正が取り組むべき藩政改革の眼目は、

一、財政の整理さらに進んで殖産興業
二、農村改革
三、長崎警備の完遂
四、藩士全体の意識改革と弊風打破
五、人材養成と選抜
六、行政機構改革

古賀穀堂等用印／佐賀県立博物館蔵

一から三のためには四以下が不可欠で、それには弘道館の役割が大きかった。穀堂は直正の意志の堅さと才質に期待し、全力で支える覚悟だった。

藩政改革の鍵は学政改革にある。四月二十五日、直正は詩会を設け、席上、粗衣粗食の励行と藩民救助の方策について内意を下した。五月二日には弘道館に臨み、格式によって聴講・諭旨・恩賜を行った。さらに六芸を観覧し、学館頭人、教職のほか、侍、手明鑓、二男、三男、陪臣まで接見して、「学館の儀、一統出席、改めて申能わず、諸生取立の儀、忠孝の志厚、文武相励、御国用相立候人才出来候様、専心懸く可き」と諭達した。以後毎月一回、ここで会読を実施することを慣例とした。時には月に二、三回も直正は臨館している。穀堂は日記に「人々は懼悦」し、「非常の英主」（『清風堂日乗』）と記している。直正は、さらに「就中国政に預候者の儀は、古今に渉り大理を明候様真実心懸、御家中一統、格別相励候様」と諭達し、学校興隆を力説した。穀堂は日誌に「台意尊仰す可き、燾亦従焉」（『琴鶴草堂日暦』）と記し、直正輔相の意志の固さが窺える。

しかし藩政全体の改革となると、積弊打破に重職門閥層が強く抵抗した。天保二年（一八三一）六月、穀堂は密かに直正に『済急封事（さいきゅうふうじ）』を送り、上下を問わず藩内全体を覆っている遊惰、奢侈、嫉妬、優柔不断の憂うべき風紀は、学問意欲の欠如に起因するものであり、文武とりわけ文学の出精と人材育成登用が士風一新、藩政更張の要諦であるから、怯（ひる）まず、不退転の決意で改革にあたるよう激励した。

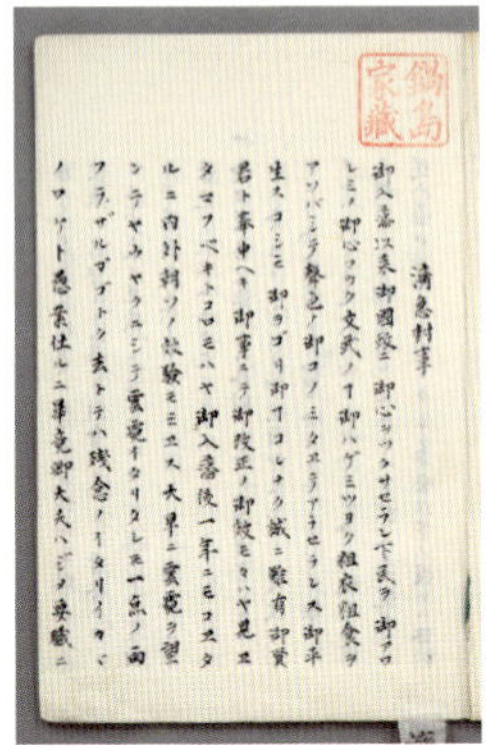
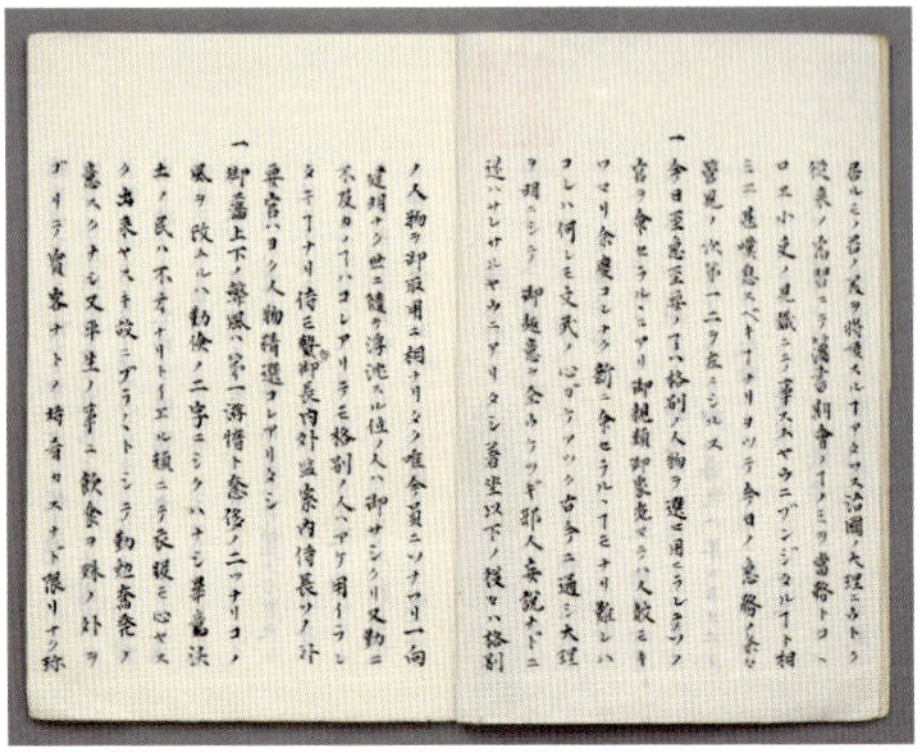
『済急封事』／公益財団法人鍋島報效会蔵（佐賀県立図書館寄託〈鍋309-16〉）

今時の弊習を改めらるゝことなどは、臣下のもの聞を喜ばざることも、御趣意の処は重職要官の面々ゟ仰出されたく、何角存よりをあく（ママ）言せ御議論これあり、万一僻見にかたまり道理に忤（さから）ふのことは御異見ありても可然、これは上下の勢いにていかやうとも心服仕るやうに可相成、たゞ御用捨ふかく下情にさわらぬ云ことは、御心持にありては難有ことながら、所謂婦女子姑息の仁の如くにして、英雄のすることにあらざるべし。さて又迂遠なるやうなれども、いづれ学問して古今に通じ、大理を明むるやうにこれなくては片時も相すまず、我身の上も勿論、まして人を治ることなどは決してまいらざることを一統承知いたすやうに相なり、たとい老壮の人たりとも、右の心持にて自らつとめ人にもすゝめ、さそろて以来初て官職を命ぜらるゝもの、文武出精の内別て心底宜行状正く、才力もこれあるものより御用いこれありて、その内にも学問を重ぜられ、たとひ武芸一扁のものも甚道理にくらくしては相すまざるやうに相なりたく、御家中は一人として文武をはげまざるものこれなきやうになりたらば、自然と游惰妬忌などの風も改り申すべく、兎角御趣意とゞくやう御すゝめこれありたし。

（『済急封事』）

さらに、経済政策に及び、奢侈を禁じ、綱紀粛正することなどの緊縮策だけでなく、新田開発、陶磁器に加えて国産物開発、「入を量（はか）りて出と為（な）し、之を生ずる者は衆（おお）く、之を食する者は寡（すくな）し」の財源拡張の大綱を立て、経済に委（くわ）しい官吏

鍋島斉直肖像（部分）
公益財団法人鍋島報效会蔵

を登用することなど、殖産興業策を論じている。

しかし、この『済急封事』は、末尾に「相すみそろはゞ急速に炎火に投昇のことを奉願そろ」と書くほど機密であり、老公派の掣肘（かたわらから自由を干渉束縛すること）が強かったことが推察される。

弘道館による人材選抜と医学寮創設

天保二年（一八三一）八月十五日には、直正が諸官の任用には文武人才を用いるよう訓示した。穀堂は慶んでいる。

天保三年は人民の困窮が甚だしく、藩費は極度の節倹を求められた。準備金不足を理由に、閏十一月には、御年寄、御側頭らは老公鍋島斉直の東上見合わせを申告したが、老公の逆鱗にふれ諸臣は謹慎罪に問われた。直正は老公をなだめるため申楽（さるがく）や相撲を催している。穀堂も屏居となり十日ほど一室にこもった。穀堂は「今日、執政以下、三城（老公斉直）東行遷延、罪を得る事体、甚だ憂うべし」（『琴鶴草堂日載』）と憤慨している。

天保四年十月からの直正参府に、穀堂には随行の下命がなかった。老公方の画策によるのだろう。穀堂は失意のなか「奉送恩公閣下序」を直正に送った。そこでは、本心を保持しつつ省察講学し、天から与えられた大業を成す時を待つよう激励している。

藩政改革の先は見通せないが、弘道館改革の歩みは緩やかながら進んでいた。天保二年九月十一日に直正は弘道館に出向き、学館頭人と当役に、役人撰挙と、

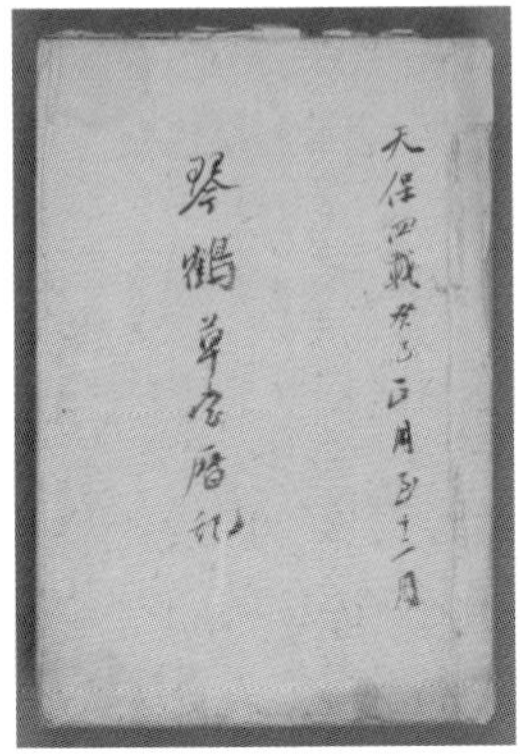

『琴鶴草堂暦記』／同前

学館での文武精励、人物吟味の関係を明確に論じた。

天保四年になると、五月七日、蘭学者島本良順を招いて直正主催の成就院文会が開かれ、良順から西洋学不振に就いて説明を受けた（『琴鶴草堂暦記』）。良順は白石鍋島家侍医で、長崎で蘭学を学び、文化年間初期から佐賀城下で開業するとともに蘭学塾を開いていた。佐賀藩における蘭学の先達であり、伊東玄朴、大庭雪斎らを育てた。穀堂の治療医師の一人でもあった。

天保五年六月八日、文武稽古試験法に関連して、請役所は上級家臣若手に対し、一般藩士に率先してことさら学館での文学研究に力を注ぐよう訓令している。上級家臣が「就中（なかんずく）文学重に心懸、義理発明致す」ことを要求してきた直正は、六年四月、着座ないし上級侍の三、四十人に学館定詰で文武に精励するよう命じた。ところが着座クラスの者は、学館定詰に難渋を示し通い稽古を希望した。これを聞いた直正は激怒し、「御政務筋相預身分、修己治人の道、治乱荒廃の迹相辨（あいわきま）えず候ては相済まずに付、仰せ出でられ候処、右様難渋等申立候は執政如何の心得に候哉、泰盛院殿御書物にも文道不学では武道なるまじき旨之有り、其外猶御沙汰在らさられ候」（「地取」）と叱咤した。これについて穀堂は、同年四月九日に「有着座及大禄士、応入学校学問の旨、極盛事（偉大な事業）也」（『琴鶴堂日史』）と、直正の断固とした措置を讃えている。着座、上級侍から五十人が指名され、二年間の学館定詰が命じられた。

これよりさき、同五年十月二十一日、『学政管見』が提起した医学寮創設が城下八幡小路に実現、開講した。藩の侍医および学館教官が兼任することとし、その経費は仮に米一〇石と定めた。開講日には穀堂が講釈を行った。

穀堂の日記には、直正の決意の固さや英邁さに対する賛辞がしばしば記されている。「君前啓沃（主君を善導すること）あり、窃に感じる、閣下励精、治を為す意は益々堅きを、千歳の期会、欣幸に勝えず」（『琴鶴草堂日載』）、「公有益の志、喜ぶべし」（同前）など、自らが構想した改革に強い意欲で着手していく若き藩主の姿を目にした穀堂の喜びはいかばかりであっただろう。

改革への一歩

雌伏の時が続いたが、天保六年（一八三五）、藩政改革と学政改革への視界が開けた。

五月十一日未明、直正が脊振山に遊んでいる留守に城内二の丸が焼失した。この大禍に国中が怖れ騒擾した。しかし、穀堂ら改革派にとっては、老公の掣肘を去り大改革を断行する千載一遇の好機となった。直正は幕府の援助を受けて本丸を再建することを決意し、諸経費節減と役方四百二十余名に及ぶ人員整理を決行した。穀堂と牟田口天錫が仕掛人と見られる。請役に鍋島安房茂真（直正庶兄、親類同格須古家）、請役相談役に井内南涯（前職は相続方蔵方附役）、相続方相談役・仕組所兼帯重相勤に中村嘉田が登用された。藩権力の中枢部から門閥層が排除され、直正側近派の中堅級家臣層が藩政の実権を掌握した。さらに、弘道館にも側近派が進出した。御年寄役の古賀穀堂が学館教導方心遣として再び運営に関わり、牟田口天錫が教導方申談、奥御小姓永山二水が教諭役兼帯を申し付けられ

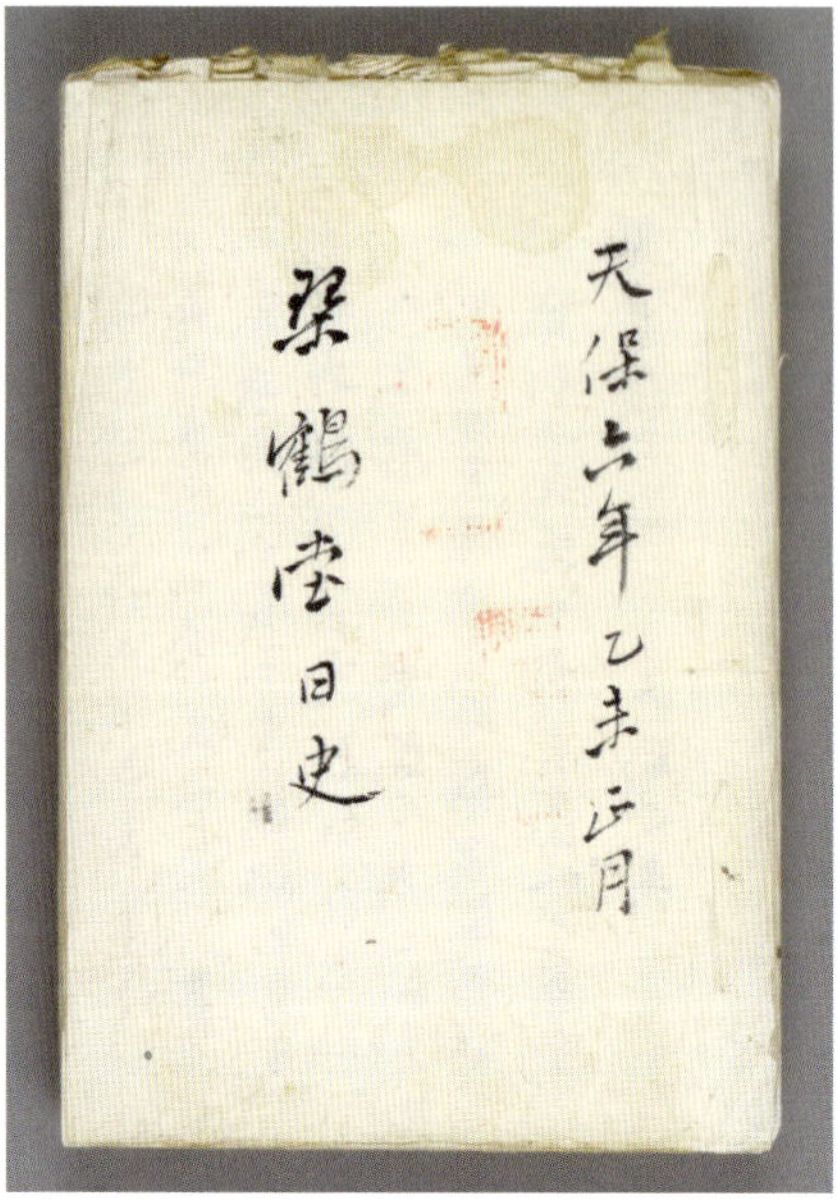

『琴鶴堂日史』／同前

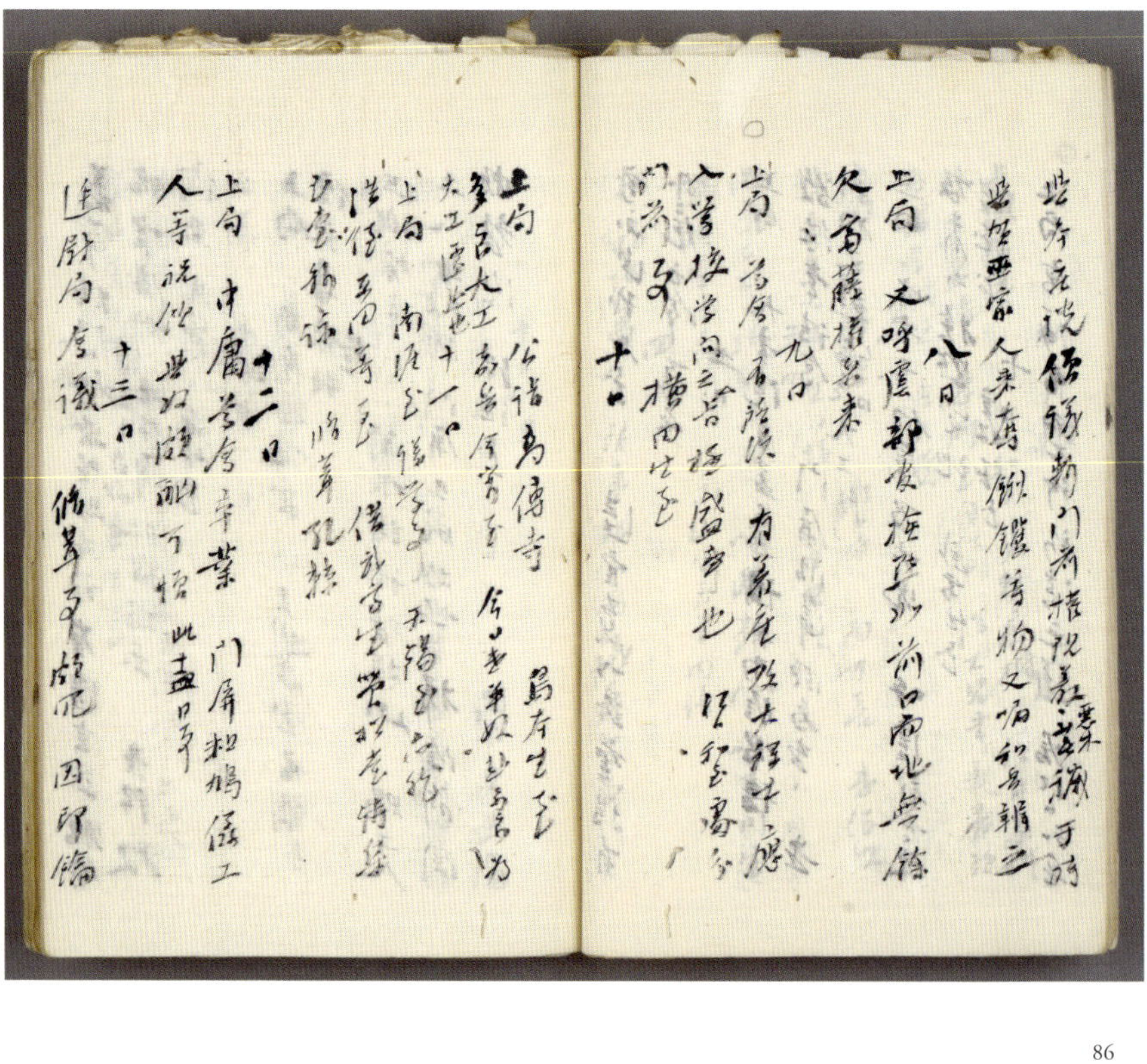

同天保六年四月九日条

た。弘道館はいまや教育機関、教育行政機関に止まらず、学政改革、藩政改革の拠点となったのである。これによって、門閥体制を打破して、弘道館出身人材を登用するための道筋ができた。

火災直後から直正は奮然として治を図り、自ら節倹し徳をみがき、迅速に決断し積極果敢に行動した。穀堂は直正の決意と行動を、「盛徳無比」「皆聖賢大学之道を以てす」と称賛している。穀堂も、「不似合いな眷遇（けんぐう）（手厚い待遇）を蒙むる、時に禄を献じ、家丁を減じ、局に上るの外他意なし」、「自ら謂う真学問、此に在り」（『琴鶴堂日史』）と決意を示している。藩政改革に向けての一連の行動は、単なる政治活動ではなく、儒学者として修己治人の実践行動と考えていた。安房については、かねて永山から「須古貴介公子は少年英気、学問の力大進喜可し」（同前）と聞いていた。江戸の藩邸でも減省が実行された。

また、六月十七日には、多久邑校東原庠舎教授の草場佩川が弘道館教導に指名された。佩川は穀堂の「不世の友」である。佩川は一度は病気を理由に学館の招きに応じなかったが、七月二日に命に応じた。佩川は三十年間、弘道館教育の柱石を担い、晩年には教授に昇格した。穀堂は六月中のまとめとして、「本月更張等事蝟冗（多くのことが一時に起こる）、然りと雖ども中興の業、期す可き慶ぶ可き」（同前）と欣喜している。

緊縮財政のなか、弘道館経費については「文武御勧方人才御取立は格別の儀」として、米七〇石を天保六年秋より八年まで補正増額した。ちなみに弘道館大拡張がなった天保十一年は正銀二四貫・米二五〇石、天保十四年からは米六〇〇石

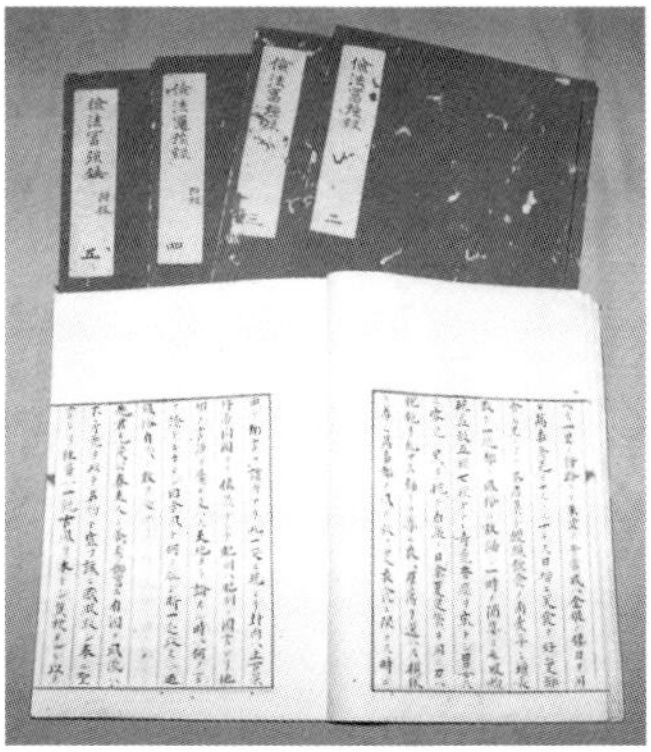

正司考祺『倹法富強録』
写真提供：有田町歴史民俗資料館

に増額されている。

重役官僚としての活動

穀堂の重役官僚としての活動には、藩主上府に随行、長崎巡覧、地方巡視、神社代参などがあった。

直正の参府は二年間のうちの半年間で、在国中に年二回の長崎巡覧がある。天保七年（一八三六）まででみると、参府期間は、天保二年十月～三年三月、天保四年十月～五年三月、天保六年十月～七年三月、であり、穀堂は天保二年と天保六年に随従している。天保七年の帰国中に川崎駅で、一橋家との訴訟にまで発展する大事件が起こっているが、穀堂にとっても病をおしての苦しい旅だった。

地方巡察の一端をあげよう。穀堂は天保二年三月三日から十三日にかけて、塩田、嬉野、武雄、有田、伊万里、多久を巡察している。三月三日、厘外津を出帆し塩田に上陸。蓮池藩領で県令と歓談し、宿泊、蓮池藩校支校の観蘭亭などを訪問し、吉浦社に参詣している。嬉野温泉に入浴宿泊し、八、九日には武雄から十数里の大野村の清水龍門（しみずりゅうもん）を訪れ宿泊し歓談している。龍門は筑前の亀井昭陽に学び、武雄の邑校身教館教諭を務めたが、故あって生地大野村に禁固されていた。十日は有田に至り、正司考祺（しょうじのりよし）に会っている。考祺は絵筆製造を家業とし、独学によって該博な知識を得た民間学者である。『経済問答秘録』『倹法富強録』など経済論を好んで談じた。公費共同の庶民学校論は卓見で、天保十年設置の藩営庶民教育所有田教導所で実現され、明治以後の公立小学校の先駆ともなった。また、

『倹法富強録』の農村経済論は直正の農村政策に大きな影響を与えたとされている。伊万里では、伊万里湾を舟遊し、女奏者の音楽に聞き入っている。また、伊万里で手広く寺子屋を営む前田作次郎に会っている。帰途、多久では深江順房や西鼓岳、草場佩川らの歓迎を受けた。こうした地方の学者、文人や民間人との関わりが地方巡察の意義であり、身分や役職の壁を払って気安く親交できるのが穀堂の人間性であった。

古賀家は物成層で小規模ながら知行地をもつ。知行地は佐賀郡、藤津郡などの局地に分散しているが、そこにはいざ戦争となれば鎧をもって馳せ参じる「被官」とよばれる世襲の家来がいる。被官は佐賀藩独特の身分で、苗字を許されるが、普段はほとんど無禄で百姓の生活をしている。穀堂が被官を訪問したこともある。天保二年一月二十四日、鹿島の孤王院廟拝使を命じられ赴いたときは、藤津郡七浦郷赤岩村や竹の子葉村まで足を伸ばした。被官や村民たちが「男女来たり酣歌酔舞」し、夜を徹して酒を酌み交わした。嶮岨ではないが竹や草がはびこる道を鉤衣傷足でたどりついた竹の子葉村には、穀堂の祖母牟田口氏が九十二歳で仙人のように生存しており、村人の歓待をうけた。穀堂には、身分の上下を問わず人に近寄り、人を引き寄せる吸引力があったのだろう。穀堂は領民の暮らしぶりを気に懸けている。土地を見聞し、人々と交流し、人情、風俗、生活を把握した。

参府往復の旅も、街道各藩の藩治状況、地理、世情、人情、風俗を実見聞し、人と出会う機会だった。天保六年十月四日、福山で畏敬する菅茶山の嗣子と面会

菅茶山肖像（谷文晁画・部分）／『近世名家肖像』東京国立博物館蔵（Image:TNM Image Archives）

している。

神辺（かんなべ）に宿す。此は菅茶山の遺蹟なり。物は在れども人は亡し。悵（うらめ）しき想いに勝（た）えず。既にしてその嗣三郎と北條霞亭の子の退輔、来問し深話す。刻を移して京摂間のことを聴く。

（『東征日載』十月四日条）

また、岡山城下では、「備前岡山城下を通りしに、城郭市店の様子、芳烈公（池田光政）と熊沢（熊沢蕃山）の時に手を入られしものと見え、中々仕懸丈夫にて、風俗の様子も他藩と殊なる様子に思わる」（『東上瑣記』）、「岡山に至る、……其の士風民俗、猶烈公（池田光政）及び了芥（熊沢蕃山）の遺風有り」（『東征日載』）と、穀堂が名君と仰ぐ池田光政の遺風をしのんでいる。

同十五日、伊勢では「富田村を経て焼蛤を噉（く）う。余は東海道の名産に於いて、嗜（この）む者は唯だ此のみ」（『東征日載』）と、好物を記すユーモアもある。

十七日、岡崎で、「江戸より急信至り、井南涯の書を得るに云う。藩邸更革の事、以て盛徳の故、人々感戴し、敢えて支吾なし。欣抃（きんべん）（大いに喜ぶ）すべし」（『東征日載』）と、江戸藩邸を気にかけている。

儒学者・文人としての活動

文政期の在府時代、天保期の参府中は、詩会などを通じて儒学者や文人と交流し、昌平坂学問所の古賀侗庵を訪問し、文学者の動静を把握している。

鍋島直正／佐賀城本丸歴史館蔵

天保期に佐賀に拠点を移してからは、政務に多忙ななか、悠然とした文雅と風流の生活も楽しんでいる。天保元年九月、精町の自宅の隣家を買い取って「琴鶴草堂」と名付けているが、ここは政治や公務から離れて文雅の境地にひたる場所と考えていたようである。詩会はかなり頻繁に催され、天保元年四月から二年九月までの一年六ヶ月でみても、直正が主催する詩会（公設詩会）の外に、穀堂個人が主催したり招待されたりする同輩詩会があり、書画会、茶会、琴友会、花見会、賞月会もあり、しばしば飲酒もともなって歓談している。天保元年四月二十五日には公設詩会があり、洪晋城、牧玉山司書、古賀朝陽らが在座し、粗衣粗食の励行と藩民救助の方策について腹蔵なく意見を交わした。天保二年一月十三日に雅会を設け、十五人ばかりが集い、古賀朝陽と蘭皐が書画の筆を揮い、皆で漢詩を作るなど、琴鶴草堂に於いて飲酒し風流を極めた。草場佩川との詩会もあり、歓談や飲酒の機会も増えた。また一方、経書を読むことを「課業」とし、ストイックに自らに課しているが、多忙で果たせないことを反省したりしている。天保三年九月には、城下北方の金立に山荘を建て「静古館楼」と名付けた。

穀堂永眠

天保七年（一八三六）に入ると江戸滞在中の穀堂の病状は悪化したが、病をおして四月に帰国した。直正は三首の絶句を穀堂に賜わった。その一つを掲げる。

常蒙訓戒自書紳　常に訓戒を蒙り自ら書紳す

古賀穀堂墓（佐賀市金立）

交態便如父子親　　交態　便ち父子の如く親たり
闔国黔黎未寧謐　　闔国の黔黎　未だ寧謐ならず
請君善養百年身　　君に請う　善く百年の身を養わんことを

――かつて訓戒を蒙り、いつも忘れないよう太帯に書き留めて大事に心中に納めてきた。先生との交わりは、あたかも父と子のように親密なものだった。我が藩中のすべての家臣と民衆には、未だ安寧は訪れていない（これからだ）。先生、どうか永く身体を善養してください。

その後、穀堂の病勢はますます重くなった。直正は甚だ心労し、九月四日には与賀、川副の農業巡視の帰途と称して穀堂宅に立ち寄り、親しく見舞った。穀堂はただ感泣するのみであった。藩主自ら臣の家を訪ねて見舞うということは、宗室国老でさえもめったにないことであった。しかし穀堂は遂に起たず、九月十六日に永眠した。行年六十歳であった。

二十八日、直正より内々に香奠を賜わり、そののち子の大一郎へは穀堂への慰労と、墓所のための土地、毎年の忌日のための祭祀料が下された。

古賀侗庵撰文「穀堂墓誌」は、埋葬の経緯と穀堂への思慕を次のように記している。

かねてより、先生遊憩の場所があった。城を去る十里余、静古館と名づけた。先生逝いて、嗣子の坤（素堂）は浮屠（仏教式）の儀を用いること厭い、亡骸は城北の山館（静古館）に埋葬した。直正公はこれを墓田と命名し、親臨して祭事を営み、且つ毎歳銀を賚わって祭費に充てしめ給うた。恩礼の周到なる、君臣遇合の美なる、近代稀に見るところである。

精里先生逝かれ、先生が世子の傅（養育係）となって東上されると、私煜はたびたび面会しては、経について質し道を問うたものである。それはまるで我が父に対するようであり、兄弟の信は益々厚きを加え、百年先までこうした関係が続くかのように思われた。ところが思いがけず、一朝の生別が竟に永遠の別れとなってしまった。私煜は悵惋の情（思いがあとに残って悶え嘆く）に耐えられない。

第七章　学政の発展

学政改革の実現

古賀穀堂は学制刷新のための基盤を整備し、新しい種を播き、ようやく改革の芽が出始めたところで世を去った。リーダー直正や同僚によって、文化六年（一八〇九）、『学政管見』で穀堂が描いた構想にそった教育システムが構築され、学校教育が実行されていった。

天保十一年（一八四〇）、北堀端に文学と武芸を総合した弘道館の新建大拡張がなり、藩士一統の就学が可能になった。天保十二年ころ佐賀藩を見聞した他藩の藩士は、佐賀藩の教育体制や弘道館のことを記録しており、当時の弘道館の雰囲気や人物の一端を知ることができる。

君侯は月に二度ずつ臨学し、郡官は月に二度ずつ出席する。君侯出座の経筵には、親類、家老、役勤の着座、内外局の家臣面々が九ッ時（正午）に役所を退いて出座し、学校教諭が罷り出て講読がある。君侯は政治も学問も武芸も油断なく励んでいる。君侯は、内局方、外局方、武人、文学士を問わず、臣下との談話を好む。君侯が臨校の節、詩文題を揃える。

執政と学校頭人を兼務する鍋島安房は、家柄権威の常格を破り、簡易無造作で、九ッ時に政府を退くと学校に出席し、学校中では少しも貴賤の差別なく諸士に打ち混じり、机を連ね席を接して読書などをしている。天性豪邁で、精神気力はあくまで逞しい。政務と学館出席を徹夜でこなすこともある。若手の家老などは、安房に倣い諸士と打ち混じって会読などしている。手明鑓以上はみな学問講釈に励んでいる。徒士は尊卑の等格が異なるので打ち混じりはできないが、志業の者には、学校中の給仕や掃除など諸事使役などを名目にして、講釈出席などさせている。安房は、事前に申し入れておけば夜中でも即時に対談し、小間で身近に接して諸事を聞き届け議論する。安房は深く学問を好み精励し、よほど学力もあり、近来は作詩も好んで励んでいる。

諸役人はみな学校中より選挙の法をもって進用される。書生の学業の精不精や優劣は執政が把握し、公明正大である。武芸師範も学校に出席して文学を受ける。書生の上位者を選挙して遊学させ、帰国後は学校役人に登用する。士の直言諷諫の路が開かれている。家中諸士は前髪ころから出席し、二十五歳、三十歳までは是非出席すべし、との決まりがある。

佐賀の学風は朱子学が多いが、学風の異同に拘泥しない。

井内南涯は国家有用の人材教育に心を尽くした。永山二水は方正温厚、事体に明らかで才略あり、言語対応が明敏である。安房、井内、永山は、三傑である。

草場は敦厚、されど剛腹にして断決あり。（『佐賀紀聞』天保十二年）

弘道館生徒数をあげてみよう。嘉永三年九月二日、長崎遊学への往路、佐賀城下を通った長州藩士吉田松陰は『西遊日記』文中で、「群童相集て書を読むとみゆ。……往還の童子、多は書を挟み袴を着て過ぐ。実文武兼備の邦とみゆ」と記している。また、帰路、十二月二十二日、千住大之助らと会い、「弘道館居寮生二百八十人許」と聞き、「実に盛と云べし」と感心している。嘉永五年には、初等課程の蒙養舎生徒が六百余人に達したため増築し、東西蒙養舎としている。安政二年に教諭の武富圯南が著わした『修訳辨体』では、内生寮寄宿生約四五〇人、年長者通学の拡充局約三〇〇人、東西蒙養舎約七〇〇人であることが記されている。

文武課業法の制定

佐賀藩の教育システムを象徴するのが、「文武課業法」の制定である。嘉永三年（一八五〇）八月末、弘道館と多久東原庠舎で、それぞれ文武課業法が制定された。藩内で法令としての文武課業法が確認できるのは、両校だけである。

文武課業法は、学校設置体（藩や領）が、就学を義務づけた全員に対して、身分に応じて文武の課業基準を設定し、その達成を義務づけた法的規定である。文武課業法を定めた藩は他にもあるが、評定方法、達成基準などについては、佐賀藩が最も厳格だった。

この法令制定には教育システムの整備が前提条件である。公的学校になっていること、また課業達成基準が明確で、そのために、教育課程、履修規定、試験制度、年齢と学習進度による生徒の類別化、教職の職階制など、学校の諸システムが整っていることが、前提でなければならない。学校が人材養成機能、社会選抜機能をもち、単なる督励ではなく、到達すべき学習水準を設定し、実施過程と罰則規定が厳格に定められている。ただそれは個々人の目標到達を求める絶対評価であり、競争を目的とするものではない。本藩と多久を比較すると、到達目標、評価方法など、本藩のほうが厳格だった。

本藩の文武課業法は前文に、「御家中文武稽古方に付て今般左の通課業相定められ候間、弐拾五歳迄に右の課業相済候通、則今より人々一際勉励出精之有り候様、乍其上も右課業相遂げざる面々は、拠無く出米の御沙汰に及ばる儀候」とある。出米は事実上の減禄である。

弘道館の教育課程では、七、八歳から初等課程の蒙養舎に通学して、小学、四書、五経など経書を中心に素読を学び、習字、作詩、武芸稽古がある。十六歳で独り読、講義、講釈、作詩があり、案文作成や討論も行われる。課題の経書を一通り習得すれば「出精昇達」となる。以後、経書その他の書物を自力で看書し、発展的に理解して案文や討論ができれば「独看」到達となる。下級生徒の素読指導もある。二十五、六歳までは、学業に専念しなければならない。武芸は主に午後に稽古する。

到達目標は、石高物成三〇石以上は、個々人の文学は独看、武芸は剣か槍のど

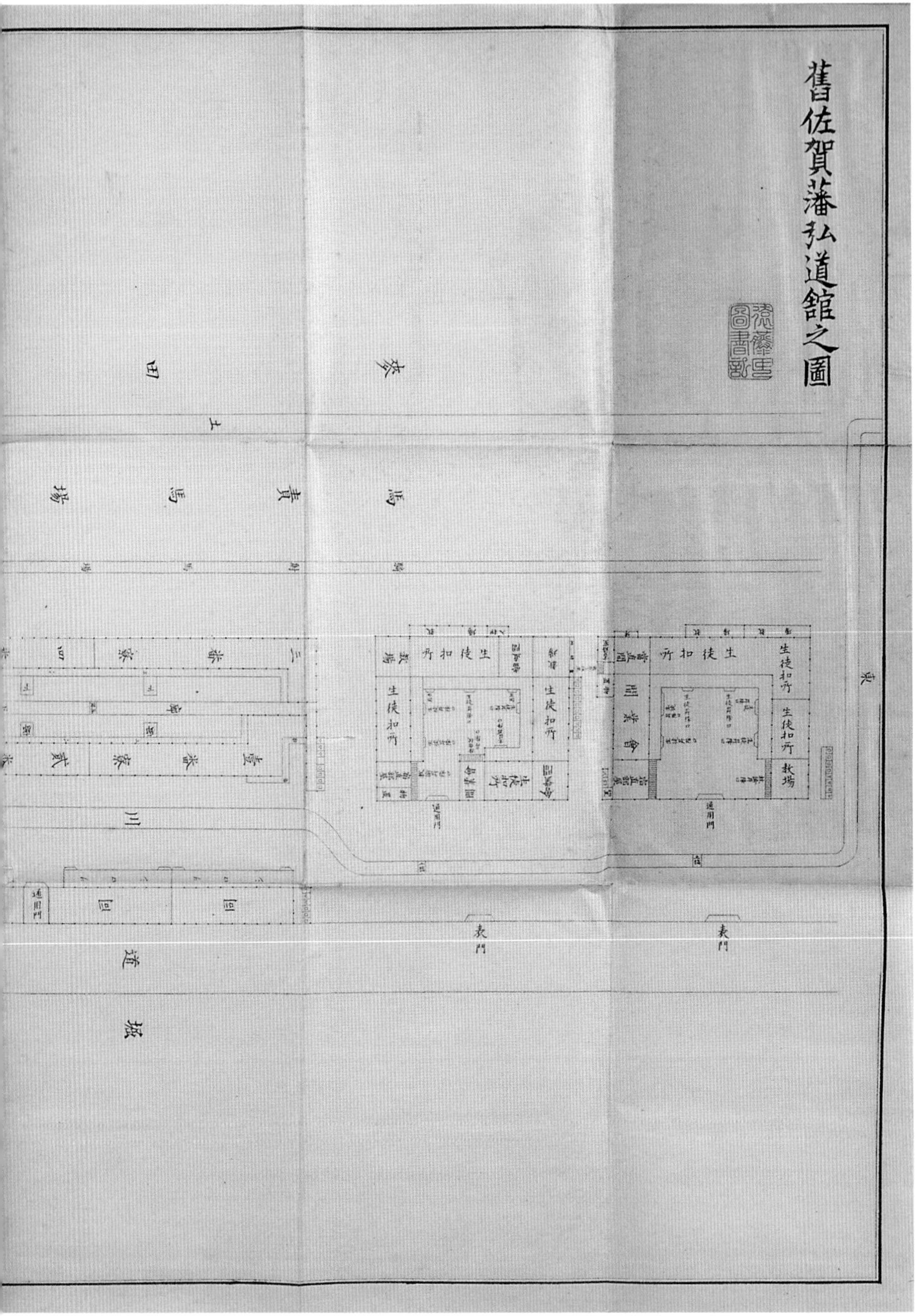
舊佐賀藩弘道館之圖
東
生徒扣所
教場
通用門
表門

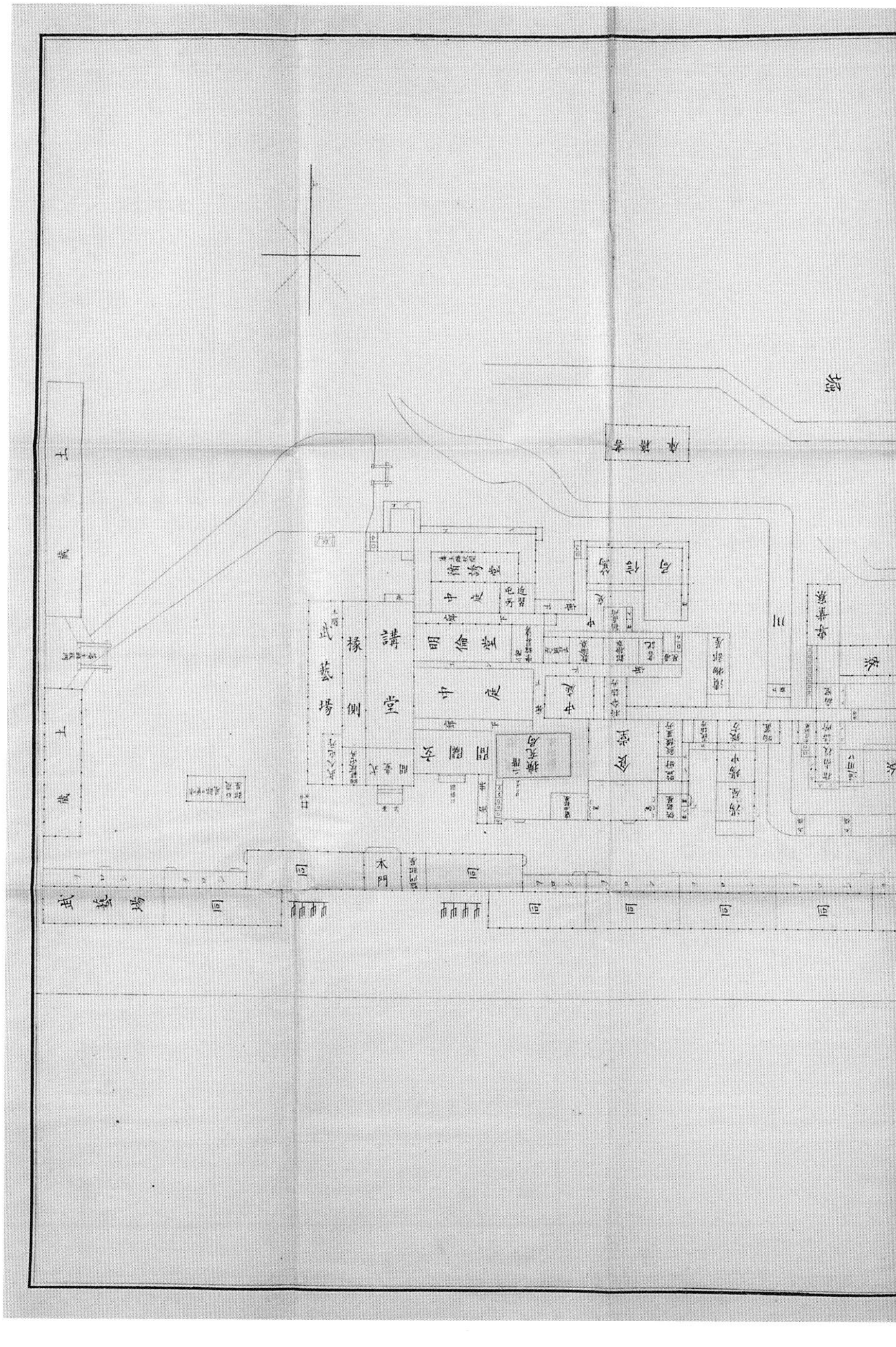

旧佐賀藩弘道館之図／佐賀城本丸歴史館蔵

ちらかの免状を達成することで、三〇石未満手明鎧までは、文学出精昇達、剣か槍の目録とある。二十五歳までに文学か武芸の一方だけだと、出米半高を科し、課業が済まなければ役方には就かせない、という厳しい罰則がある。課業が済んでも役方に就くのは二十六歳以上からである。適用の対象は二十五、六歳以下だけではない。年長者も、課業法成立時の戌（一八五〇年）から六年間の猶予をおいて卯（一八五五年）に四十歳に達するまでには、文か武の一種だけでも達成することを求められた。

物成三〇石は知行高七〇石から八〇石で、それ以上は中士クラスであるが、試験の成績がよいだけではだめで、経書や歴史書をもとに卒業論文が書ける程度に達することと、文章力や討論能力も求められる。文武両種だから、全達成は並大抵ではない。達成できなければ減禄となり役方に就けない。生活に窮するし、家の恥ともなる。頑張らざるをえない。「佐賀侍のクソ勉強」といわれたゆえんである。

嘉永四年二月には「医術課業法」を定めた。士分医、郷町医を問わず、佐賀藩内全医師に、医学寮入寮や再修業、知識・技量の再吟味がなされ、合格するまでは医師免状が付与されず医療活動ができない、士分医師全員が所属する大組から外され、最低の生活給与しか与えられない。今日の医師免許状制度の先駆である。

当時、佐賀藩は西洋科学技術の本格的な研究と実用化、医学の蘭方化を進めていた。そこで安政二年（一八五五）、文学は経書でなくて蘭学でもよい、武芸には砲術、火術、柔術を選択科目に加え、武芸が二種類あれば文学はなくてもよいとするなど、現実に即し実用的に改訂した。文武課業法に蘭学や砲術まで含めた例は国内にない。しかし、厳しい文武課業法には弊害が現れ、「ただ課程を遂げるまで稽古すればよい」などと心得違いをする者があり、かえって軽薄の風に移るという観点から、安政六年に法令は廃止となった。

一方、弘道館内では経学派と史学派の対立が表面化していた。経学派は草場佩川ら儒学の教職者たち、史学派は少壮気鋭の枝吉神陽が中心にいた。史学派は日本古典の研究や古代律令制の研究を進め、尊王思想を唱え、楠木正成を尊奉していた。神陽の時代状況に対する洞察力や、その気力、学識、人格に魅せられた副島種臣（神陽の実弟）、大隈重信ら俊英の青年学徒たちが集まった。

神陽を中心とする集まりを義祭同盟という。大隈は締めつけの厳しい弘道館の学風に反発し、喧嘩騒動を起こして退学し、蘭学寮に入学しなおしている。義祭同盟の青年たちは文学において優れた者が多かった。同盟名簿に登載の五十四人中八割以上が文学独看か出精に到達している。三〇石未満の独看到達者も多い。彼らは儒学そのものを忌避したわけではない。また草場佩川もガチガチの儒学者ではない。「仁義道徳」が形而上学であり「本」だが、「民を安んずる」のが目的だから、そこを外さなければ、洋学にも一定の理解を示す。時代に対して柔軟な姿勢をもっていた。経学派対史学派といっても、藩論を二分し、互いを排斥するような厳しい対立ではなかった。

実際に文武課業法による罰則を受けた者はなかったとされる。藩士名簿『安政五年早引』には各人の達成状況について、例えば、「◎」（全課業達成）、「槍メ

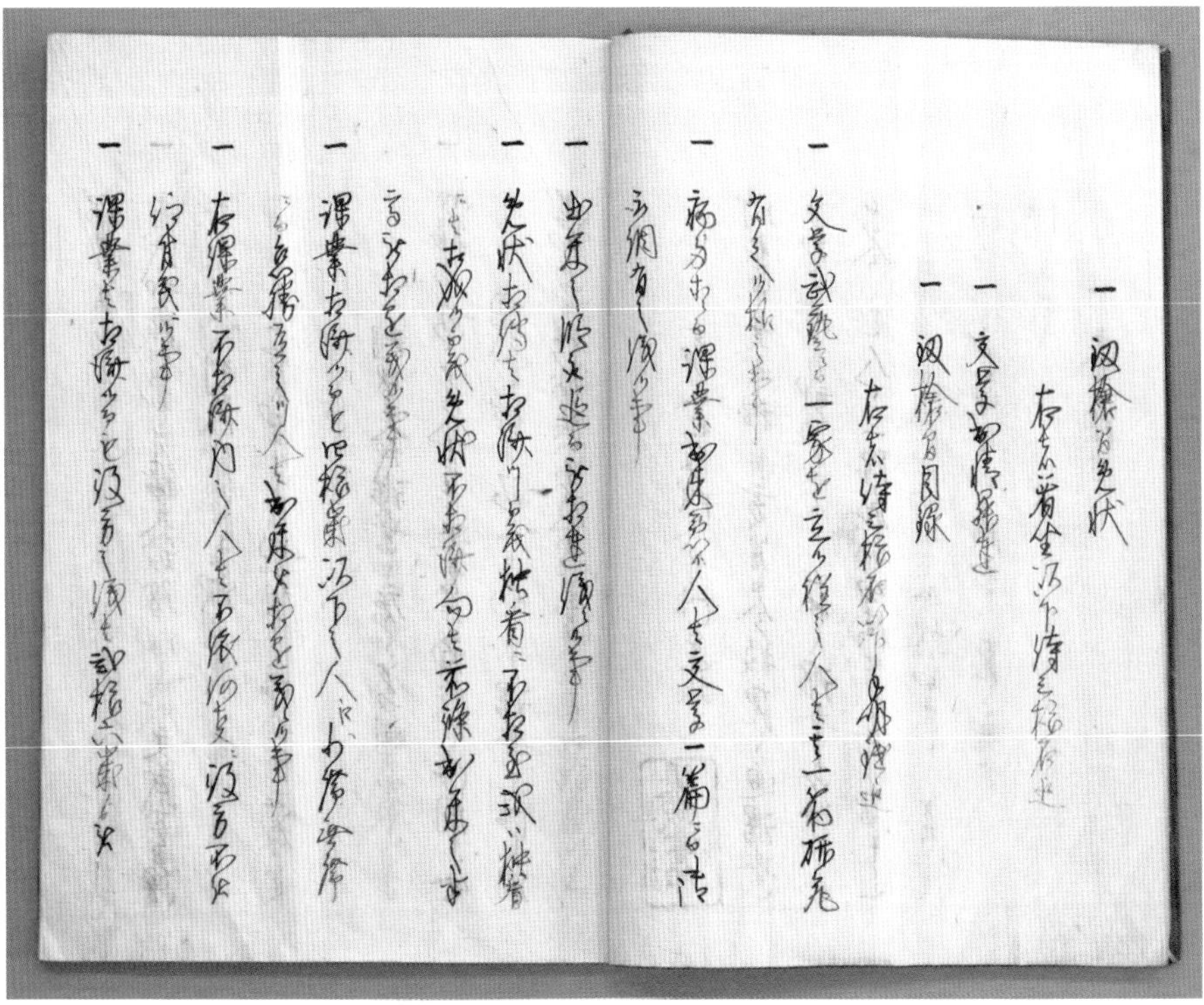

『文武課業録』／公益財団法人鍋島報效会蔵

ン」（槍免許取得）、「ドク」（文学独看）のように記してある。安政五年を見ると、三〇石以上の上中士では全課業済は二〇％、半課業済は四五％で、三分の一は未達成とある。一方、三〇石未満の下級士では全課業済が四七％で、未達成は五分の一程度、義務ではない文学独看の達成者数は上中士に匹敵する。規定は厳しかったが、実際にはその通りの厳しい処分はしていないようで、一面で下級士が一層文武に研鑽していたといえる。身分家格にとらわれず学問によって出世の道が開ける、と考えたからであろう。文武課業法は、人材養成と人材選抜の二つの機能をもっていた。厳しい門閥主義は崩れかけていた。文武課業法廃止後も、何かにつけ文武の達成状況を選抜の根拠としたことを示す記録が残っている。後に軽輩が頭角を現わす基盤は弘道館にあったのである。

大隈は、文武課業法のことをいたく憎み、後年まで厳しく非難している。そういう面もあろう。しかし、藩士全体に高水準の経書読解能力、文章力、討論能力を習得させたことは疑いえない。経書解釈は朱子学によったから、次の時代の科学的で合理的な新学問を受容できる素地や論理力が形成されたともいえる。

自学主義、会読・討論重視の学風

第五章で、直正が受けた教育法は自学主義と問答法であり、直正は弘道館の教育でもこの方法を推奨したことを指摘した。弘道館では年少者でも会読を重視した。久米邦武によると、重臣層の学識啓発のために、藩主、世子、重臣の青年たち、弘道館教官の中に、生徒の優秀者七、八人を参加させ、封建郡県論、海防論などについて自由に討論させている。学生の主張が藩主の見解と違っていても、それでお咎めを受けることはなかったという。こうして、「徹底した自学自習主義」のもとで、単なる訓詁解釈や書物知識ではなく、事実に即して議論する能力を鍛えられた佐賀藩士は、江戸の昌平坂学問所書生寮において諸藩の生徒に議論ではけっして負けなかった。ただ、会津藩日新館出身者は手強い相手だったという。

弘道館教育を受けたのは、原則として本藩士だけであるが（遊学生はいた）、藩内の諸支藩校や諸郷学も高水準の教育システムを築いた。こうして、佐賀藩の教育は近代的人材を育て、質実剛健の気風や智力とともに技術力を育てた。

古賀穀堂は、学制刷新を企図し、時代の変化を先取りした教育システムを構想し、実現に向けて奮闘した。実行を託せる偉大なリーダーを精魂込めて育て、輔佐する協働者を育てた。構想から実現へ、佐賀藩教育の発展に尽くした古賀穀堂の功績は極めて大きい。

そして、穀堂と鍋島直正のまことに幸福な「出会い」を感じる。

江戸時代肥前佐賀地方の学校

	藩・家・邑名			学校名	創設時期
藩校	佐賀本藩			弘道館	天明元年（1781）
				明善堂（江戸藩邸）	文政 6 年（1823）
				大野原学校（城下北方）	天保 14 年（1843）
				［医学］好生館	天保 5 年（1834）
				［蘭学］蘭学寮	天保 11 年（1840）
				［海軍］船手稽古所	安政 5 年（1858）
				［英学］致遠館	慶応 3 年（1867）
	小城支藩			興譲館	天明 7 年（1787）
	蓮池支藩			成章館→育英館	延享年間（1744 ～ 48）
				支校観瀾亭	文化年間（1804 ～ 18）
	鹿島支藩			弘文館	寛政年間（1789 ～ 1801）
	唐津藩			盈科堂（土井氏の代のみ）	享保 8 年（1723）
				経誼館（水野氏の代のみ）	寛政 13 年（1801）
				志道館（小笠原氏の代）	文政年間（1820 頃）
郷学	佐賀藩	親類	白石	白石学校	幕末に創設、年次不詳
			久保田	思斉館	天明 8 年（1788）
			川久保	知方館	文久年間（1861 ～ 64）
				郷学校	元禄年間（1688 ～ 1704）
				教導所	文久年間
			村田	存在の有無不明	
		親類同格	諫早	好古館（現長崎県）	天明 3 年（1783）
			多久	東原庠舎	元禄 12 年（1699）
				３村に３分校あり	分校は文化～安政期（1804 ～ 60）
			武雄	身教館	享保年間（1716 ～ 35）
			須古	三近堂	享保年間
		家老	神代	鳴鶴所（現長崎県）	天明 6 年（1786）
			深堀	謹申堂（現長崎港外）	寛永年間（1640 頃）
	対馬藩田代領			東明館	寛政 12 年（1800）

注 1．「旧藩学校取調」などをもとに「教員履歴書」などで補足。
2．創設時期については、何をもって創設とするかの明確な定義はなく、明治初年の調査で提出された各藩、各領からの報告による。
3．学校名は幕末期の名称。

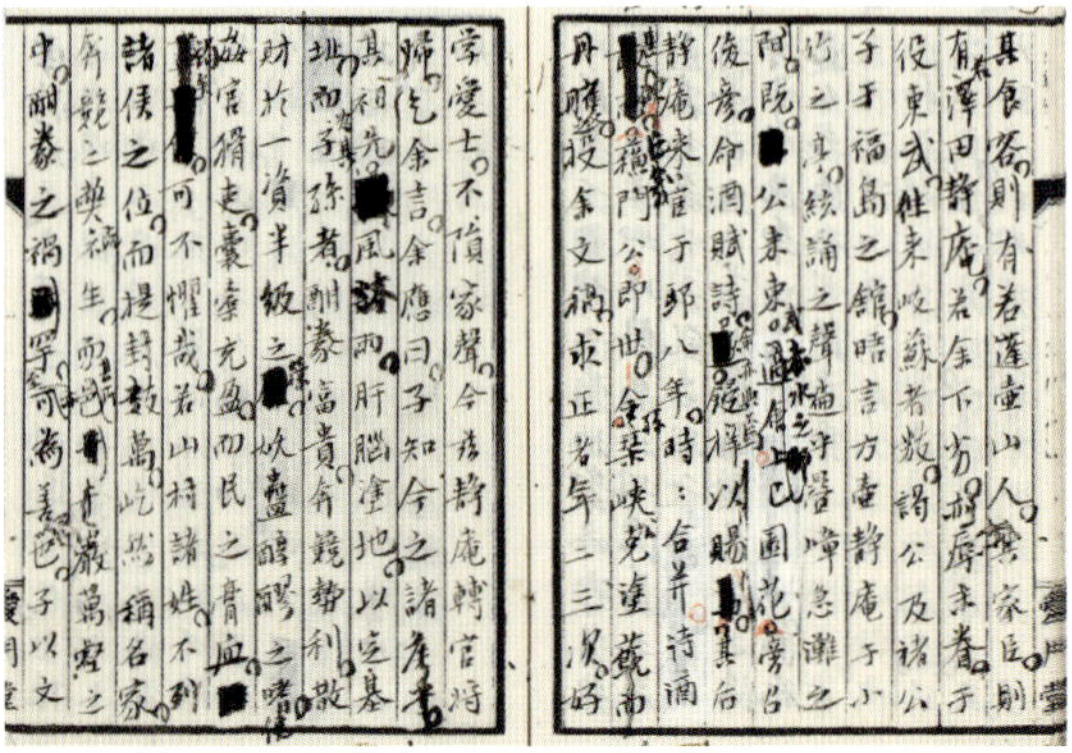
『古賀穀堂遺稿』／東京国立博物館蔵

あとがき

古賀穀堂を知るには、久米邦武・中野礼四郎編纂『鍋島直正公伝』（侯爵鍋島家編纂所、大正十年・一九二一）と、西村謙三『古賀穀堂先生小伝』（西村謙三発行、昭和十年・一九三五）に拠らなければならない。本書も多くは両書の恩恵に浴した。平成二十五年（二〇一三）に佐賀県立図書館編『佐賀県近世史料・第八編第四巻』が刊行された。古賀穀堂著作集（私記、記録、日記など）、書簡集、穀堂遺稿抄、解題を収載し、難読難解な書簡や日記を翻刻し、注記を付している。同書によって古賀穀堂の思想や業績、人物理解が大いに進むこととなった。編集関係者のご労苦に敬意を表し深く感謝したい。

本書は、教育者としての活動、構想した教育システムの特色と実現過程に焦点を当てて、古賀穀堂の教育思想と業績を論じた。多彩な穀堂の活動と業績の一部をとりあげたもので、ようやく穀堂研究の入口に立ったところである。後進の方々によって穀堂研究が進展することを期待している。

穀堂の漢詩・漢文は、ほとんど注目されてこなかった。今後さらに詩文をできる限り多く収集して再評価し、近世儒学史と文学史における正当な地位を与えること、当時の学界や文学界との交流関係や位置を明らかにすること、大量の資料を総動員して人物像を掘り下げることなどが望まれる。

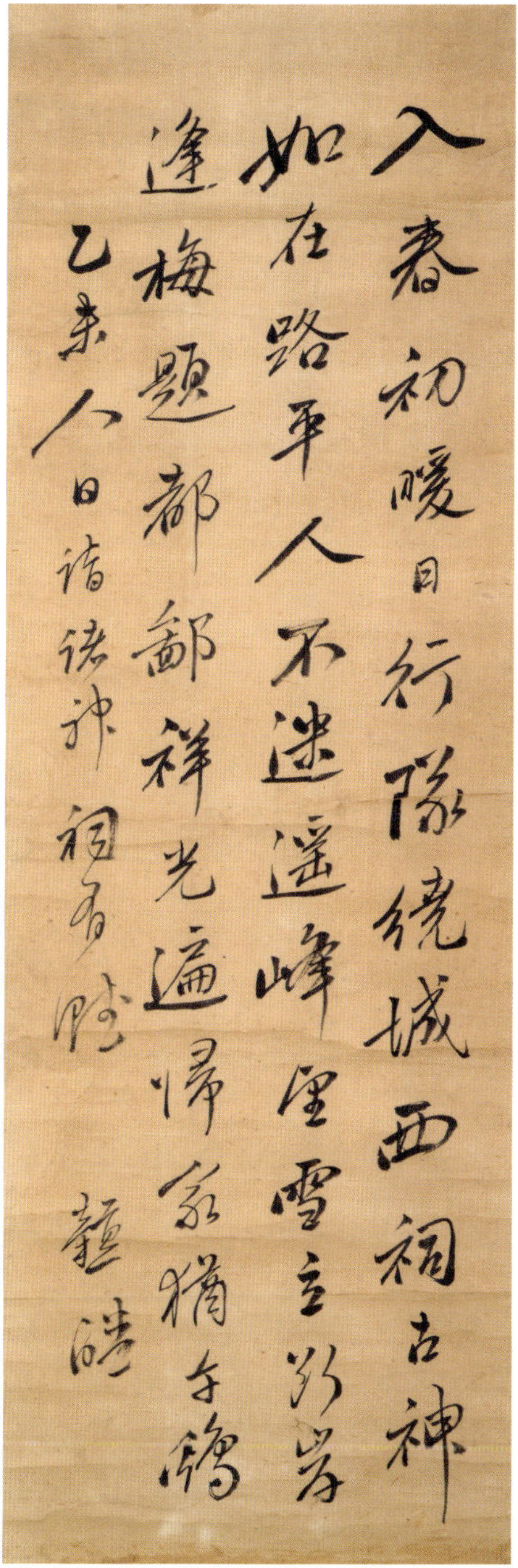

古賀穀堂書　入春初暖日。行隊繞城西。祠古神如在。路平人不迷。遥峰望雪立。断岸逢梅題。都鄙祥光遍。帰家猶午鶏。乙未八日。詣諸神祠有賦。贛皤。

本書にとりあげた漢詩や漢文の解読については、佐賀大学の中尾友香梨氏と伊香賀隆氏より全面的にご教示をいただいた。深甚の謝辞を表す。大園隆二郎氏、古川英文氏はじめ、執筆・出版にあたって多大のご助言ご助力をいただいた方々に心より御礼申し上げます。

なお古文書などの引用は、原則として新字新仮名遣いで表記し、漢文的表記は訓読し、必要に応じて補足を加えている。

古賀穀堂関連略年譜

(西暦)	(和暦)	(年齢)	(事項)
1777	安永 6	1	12.5 古賀精里の長子として佐賀城下西精町で誕生。
1792	寛政 4	15	上府中の父精里は幕府の命で昌平坂学問所で講義する。
1796	寛政 8	20	父精里が幕府儒者に抜擢,侗庵を連れて上府。穀堂は佐賀に残る。
1797	寛政 9	21	6 月, 祖父良忠が死去。
1798	寛政 10	22	祖父の喪を終え,穀堂は藩府の命令を受け上府,父精里の家塾に入る。
1804	文化 1	28	このころ「自警の文」を著わす。弘道館教諭となる。
1806	文化 3	30	11.1 弘道館教授に任命される。
1808	文化 5	32	8.15 長崎港に英国軍艦闖入(フェートン号事件)。12.15 多病を理由に弘道館教授の辞表を提出するも却下される。
1809	文化 6	33	4 月,『学政管見』を藩政府に建白。
1813	文化 10	37	9 月, 藩主斉直に従い上府(翌年 3 月, 佐賀帰着)。
1814	文化 11	38	7 月, 鹿島, 塩田, 成瀬, 川古, 大川に赴く。献貢用の陶磁器を選ぶ。12.7 江戸佐賀藩邸で男子貞丸が誕生(のちの鍋島直正)。世子(儲君)として溜池邸(溜池御殿)で養育される。
1815	文化 12	39	9 月,斉直に従い上府(文化 13 年 4 月,佐賀帰着)。しばしば昌平坂学問所に弟侗庵を訪問。画点会,船遊びなど文人たちと交流。
1816	文化 13	40	5 月, 長崎に赴き, 訳官などと交流し, 湾内乗船巡覧。7 月, 島本良順が来訪し, 西洋事情について談じる。
1817	文化 14	41	5.6 父精里が江戸で死去, 68 歳。11 月, 斉直に従い上府(文政 1 年 12 月, 佐賀帰着)。
1819	文政 2	43	9 月, 斉直に従い上府, 江戸邸で儲君貞丸の師傅となる。
1820	文政 3	44	5.7 貞丸が学齢に達し穀堂が侍講になる。11 月, 井内南涯と吉村幹斎が昌平坂学問所書生寮に入る。
1823	文政 6	47	4 月, 江戸溜池邸に明善堂を創設。「明善堂記」を著わす。6 月,「与弘道館諸君書」を著わす。
1826	文政 9	50	1 月, 文人の会「海鷗社」を組織, 規約を設ける。
1828	文政 11	52	8 月, 大風で西国は未曾有の被害。「シーボルト事件」起きる。
1830	天保 1	54	2 月, 斉直が隠居, 直正が第 10 代藩主を襲封。閏 3.22 直正が初入封, 着城。4 月, 長崎鎮台巡覧の新藩主直正に従い長崎に赴く。4.25 直正が詩会を設け, のち粗衣粗食の励行と領民救助の方策とについて内意を示す。6 ~ 7 月, 直正の長崎行に穀堂も従う。蘭館を上覧, 停泊の蘭船を検分して内部の構造を視察。9 月, 長崎に赴く(15 回目), 蘭船 2 艘を見学。
1831	天保 2	55	3 月, 塩田, 嬉野, 武雄, 有田, 伊万里, 多久を巡視。大野の清水龍門, 有田の正司考祺らに会う。6.14『済急封事』を直正に差し出す。9 月, 直正に従い上府(天保 3 年 4 月, 佐賀帰着)。
1832	天保 3	56	2 月, 息子大一郎が昌平坂学問所書生寮に入学。
1833	天保 4	57	5.7 成就院文会で島本良順から西洋学不振について聞く。
1834	天保 5	58	5 月, 年寄役に任ぜられ, 着座召成, 御加米 120 石。10.21 医学寮開講, 穀堂が講釈。
1835	天保 6	59	5.11 未明,佐賀城二の丸焼失。5 ~ 6 月,鍋島安房を請役とする。中枢人事大改革断行,役所の減員420余人, 多久家来草場佩川を弘道館教職に補す。9 月, 直正に従い上府(天保 7 年 4 月, 佐賀帰着)。
1836	天保 7	60	8.15 観月会, 直正は病気で欠席の穀堂に絶句三首を贈る。9.4 直正が精町の自宅に穀堂を見舞う。9.16 病没, 60 歳。静古館跡に眠る。9.28 直正は穀堂の病没を弔し内々に香奠を贈る。

古賀穀堂参考文献

『佐賀紀聞』, 1841年, 佐賀県立図書館所蔵
文部省編「学士小伝（旧佐賀藩）」,『日本教育史資料』5（巻12）, 1892年
中野礼四郎編『鍋島直正公伝』第1～6編・年表索引総目録, 侯爵鍋島家編纂所, 1920-21年
久米邦武『久米博士九十年回顧録』, 早稲田大学出版部, 1934年（のち宗高書房から再刊）
西村謙三編『古賀穀堂先生小伝』, 1935年
中島吉郎『佐賀先哲叢話』, 佐賀郷友社, 1941年
笠井助治『近世藩校における学統学派の研究』下, 吉川弘文館, 1970年
中村真一郎『頼山陽とその時代』, 中央公論社, 1971年
前田愛『近代読者の成立』, 有精堂選書, 1973年
三好不二夫監修『草場珮川日記』上・下, 西日本文化協会, 1978-80年
安藤英男『頼山陽文集』（頼山陽選集3）, 近藤出版社, 1981年
頼祺一『近世後期朱子学派の研究』, 渓水社, 1986年
佐賀県教育史編さん委員会編『佐賀県教育史』第1巻（資料編1）, 佐賀県教育委員会, 1989年
旧肥前史談会編『佐賀県歴史人名事典』（肥前復刻叢書1）, 洋学堂書店, 1993年
市古貞次ほか編『国書人名辞典』第1～5巻, 岩波書店, 1993-99年
朝倉治彦監修『江戸文人辞典――国学者・漢学者・洋学者』, 東京堂出版, 1996年
森銑三『偉人暦』上, 中公文庫, 1996年
生馬寛信「佐賀藩における天保～明治初年の学政改革」,『西南諸藩と廃藩置県』, 九州大学出版会, 1997年
福岡博編『佐賀幕末明治500人』, 佐賀新聞社, 1998年
辻本雅史『「学び」の復権――模倣と習熟』, 角川書店, 1999年
佐賀県立図書館編「直正公譜」「贈正二位公御年譜地取」,『佐賀県近世史料』第1編第11巻, 2003年
龍造寺八幡宮楠神社編『枝吉神陽先生遺稿』, 出門堂, 2006年
眞壁仁『徳川後期の学問と政治―― 昌平坂学問所儒者と幕末外交変容』, 名古屋大学出版会, 2007年
梅澤秀夫『早すぎた幕府御儒者の外交論 古賀精里・侗庵』（肥前佐賀文庫003）, 出門堂, 2008年
古賀勝次郎「古賀家三代の学問の伝統」,『肥前の歴史と文化』（日本地域文化ライブラリー5）, 行人社, 2010年
生馬寛信「佐賀本藩学校弘道館と多久領学校東原庠舎」, 同上
杉谷昭『鍋島直正』（佐賀偉人伝01）, 佐賀城本丸歴史館, 2010年
生馬寛信「他国者が見聞した幕末佐賀藩の教育」,『佐賀学――佐賀の歴史・文化・環境』, 花乱社, 2011年
前田勉『江戸の読書会――会読の思想史』, 平凡社, 2012年
佐賀県立図書館編『佐賀県近世史料』第8編第4巻, 2013年
高橋博巳『草場佩川』（佐賀偉人伝11）, 佐賀城本丸歴史館, 2013年

古賀穀堂関連史跡

古賀穀堂墓
古賀穀堂が鍋島直正に別荘として賜わった静古館跡に墓碑とともに祀られている。

佐賀市金立町大字金立字大門

弘道館跡
佐賀藩校の跡地に記念碑が建っている。穀堂は弘道館の拡張に佐賀藩の将来を託した。

佐賀市松原 2-5-22

佐賀県立図書館
大正 2 年に鍋島家によって建設された佐賀図書館に始まる。詩文・日記など穀堂関係の資料を収蔵している。
佐賀市城内 2-1-41
TEL 0952-24-2900

佐賀県立博物館・美術館
自然史，考古，歴史，民俗，美術・工芸の諸資料を，「佐賀県の歴史と文化」として常設展示。古賀穀堂の書や用印などを収蔵。
佐賀市城内 1-15-23
TEL 0952-24-3947

佐賀城本丸歴史館
古賀穀堂が推進した佐賀藩のさまざまな改革に関わる展示を常設している。

佐賀市城内 2-18-1
TEL 0952-41-7550

徴古館
鍋島家に伝来の資料を収蔵・展示。古賀穀堂関連の文書なども所蔵している。公益財団法人鍋島報效会が運営。
佐賀市松原 2-5-22
TEL 0952-23-4200

大塚先儒墓所
古賀穀堂の父精里や弟侗庵のほか，幕府御儒者たちが祀られている。

文京区大塚 5 丁目

史跡湯島聖堂
公益財団法人斯文会
幕府の聖堂と昌平黌を顕彰する施設。古賀穀堂の父精里，弟侗庵が昌平黌で教鞭を執った。
文京区湯島 1-4-25
TEL 03-3251-4606

生馬寛信（いくま・ひろのぶ）
1944年，広島県生まれ。
1966年，広島大学教育学部卒業。
現在，佐賀大学名誉教授。教育史専攻。

編著・論文：
『地方教育史研究――佐賀藩弘道館と多久東原庠舎』（全国地方教育史学会）
『幕末維新期における学校の組織化に関する総合的研究』（共著，幕末維新学校研究会）
『幕末維新期における漢学塾の総合的研究』（私家版）
「佐賀県の女学校沿革」（共著，『佐賀の歴史と民俗・福岡博先生古希記念誌』）
『幕末維新期漢学塾の研究』（編集，渓水社）
『幕末佐賀藩の学校改革と「文武課業法」制定』（全国地方教育史学会）
「近世学校の成人学習機能――佐賀本藩の文武課業法及び医術課業法をめぐって」（共著，『近世日本における「学び」の時間と空間』渓水社）
「佐賀本藩学校弘道館と多久領学校東原庠舎」（共著，『肥前の歴史と文化』行人社）
「他国者が見聞した幕末佐賀藩の教育」（共著，『佐賀学』花乱社）

佐賀偉人伝15　さがいじんでん15
古賀穀堂　こがこくどう

2015年　2月20日　初版印刷
2015年　3月15日　初版発行

著　者　生馬寛信　いくまひろのぶ
発行者　七田忠昭
発行所　佐賀県立佐賀城本丸歴史館　さがけんりつさがじょうほんまるれきしかん
佐賀県佐賀市城内2-18-1　〒840-0041
電話0952-41-7550
FAX 0952-28-0220
装　丁　荒木博申（佐賀大学）
編集協力　和田夏生（工房＊アステリスク）
印　刷　福博印刷株式会社
歴史資料の収録にあたり、一部に不適切と考えられる表現の記載もありますが、その史料的な価値に鑑み、そのまま掲載しました
ISBN978-4-905172-14-7　C3337

佐賀偉人伝

A５判・112 頁・本体価格 952 円＋税　電子書籍 価格：800 円（税込）電子書籍のご購入方法は、「佐賀偉人伝」ホームページをご覧ください。http://sagajou.jp/sagaijinden/

佐賀偉人伝 01　ISBN978-4-905172-00-0
鍋島直正　杉谷　昭 著
佐賀藩が近代化を進めるにあたって強力なリーダーシップを発揮したのが第 10 代藩主・鍋島直正です。鍋島直正が推進した“抜本的な改革”と“驚くべき挑戦”、さらに、刻々と変化する幕末の政治状況下における決断と動向にも迫ります。

佐賀偉人伝 02　ISBN978-4-905172-01-7
大隈重信　島　善髙 著
不屈の政治家として生涯を貫き、早稲田大学の創設者としても知られる大隈重信。わが国はじめての政党内閣を成立させた政治家としての足跡や、教育へむけた理念などを中心に、さまざまな分野での活躍についても紹介しています。

佐賀偉人伝 03　ISBN978-4-905172-02-4
岡田三郎助　松本誠一 著
第１回文化勲章受章者である岡田三郎助は、美人画に独特の優美さをそなえ、「色彩の画家」と評されました。東京美術学校（現東京藝術大学）で教鞭を執り、帝国美術院会員、帝室技芸員として美術界を牽引。絵画作品のカラー図版も多数収録。

佐賀偉人伝 04　ISBN978-4-905172-03-1
平山醇左衛門　川副義敦 著
江戸末期に佐賀藩でいちはやく導入された西洋砲術は、武雄領主・鍋島茂義の指揮のもと推進されました。その最前線にあって当時最新鋭の技術導入に奮闘し、めざましく活躍した平山醇左衛門は、突然の斬首という不可解な死を遂げました。

佐賀偉人伝 05　ISBN978-4-905172-04-8
島　義勇　榎本洋介 著
島義勇は、明治初期に開拓判官として北海道に入り、札幌を中心として都市を建設するために尽力しました。新政府における開拓使設置の目的や、初代長官に鍋島直正、判官に島を選任した背景、さらに島の苦難と取組みについて検証します。

佐賀偉人伝 06　ISBN978-4-905172-05-5
大木喬任　重松　優 著
大木喬任は、明治前期のわが国の制度づくりにたずさわり、とくに初代文部卿として近代的教育の確立に力を尽くしました。深く歴史に学び、経世家として評価された大木が、新しい時代へむけて抱いた構想と功績に切りこみます。

佐賀偉人伝 07　ISBN978-4-905172-06-2
江藤新平　星原大輔 著
江藤新平は、微禄の武士でありながら藩内で頭角を現わし、明治政府においては、司法や教育をはじめ日本の多方面の制度づくりに活躍しました。本書は、江藤のさまざまな動きについて、綿密に追跡しながら明らかにしていきます。

佐賀偉人伝 08　ISBN978-4-905172-07-9
辰野金吾　清水重敦・河上眞理 著
幕末唐津藩で生まれた辰野金吾は、東京駅や日本銀行を手がけるなど、明治期日本の西洋建築の第一人者です。本書は、辰野の足跡をたどり、ヨーロッパ留学時のスケッチブックを手がかりに、辰野の建築様式に新たな見解を提起します。

佐賀偉人伝 09　ISBN978-4-905172-08-6
佐野常民　國　雄行 著
佐野常民は日本赤十字の父として有名です。また、万国博覧会や内国勧業博覧会などの事業についても尽力しました。本書は、博覧会事業を通してうかがえる佐野の構想や業績を探ることにより、日本の近代化の一側面を描き出します。

佐賀偉人伝 10　ISBN978-4-905172-09-3
納富介次郎　三好信浩 著
小城出身の納富介次郎は、日本の工芸教育のパイオニアです。海外視察の体験を生かし、日本の伝統工芸を輸出産業に発展させる方策を探求しました。日本各地に「工芸」教育の学校を興し、人づくりに貢献。異色の教育者の生涯を発掘します。

佐賀偉人伝 11　ISBN978-4-905172-10-9
草場佩川　高橋博巳 著
多久邑に生まれた草場佩川は、二十代半ばにして朝鮮通信使の応接に関わり、その詩文や書画は通信使たちから絶賛されました。のちには弘道館の教授として、また文人として全国に名をとどろかせました。江戸時代に日本と朝鮮のあいだで交わされた友情の軌跡をたどります。

佐賀偉人伝 12　ISBN978-4-905172-11-6
副島種臣　森田朋子・齋藤洋子 著
副島種臣は明治新国家の構築に関わり、ことに黎明期外交において活躍し、一等侍講として明治天皇の深い寵愛を受けました。本書は、欧米列強からも喝采を浴びた外交上の功績や、絶えず政府に注視された政治活動などを軸に、多くの知識人に敬仰された巨大な姿を追います。

佐賀偉人伝 13　ISBN978-4-905172-12-3
伊東玄朴　青木歳幸 著
伊東玄朴は、神埼仁比山の農家に生まれ、将軍の主治医にまで栄達した蘭方医です。苦学を重ねて藩医となり、佐賀藩の蘭学の発展に貢献しました。江戸に医塾・象先堂を開き、お玉ヶ池種痘所の設立に中心的な役割を果たしました。本書はその波乱に満ちた生涯を追います。

佐賀偉人伝 14　ISBN978-4-905172-13-0
枝吉神陽　大園隆二郎 著
副島種臣の実兄で、佐賀藩の尊王派の中心人物が枝吉神陽です。明治の世を見ずに早逝しましたが、ひとたびこの人に会えば魅了され、畏敬を深めたと伝わります。全国に聞こえた枝吉神陽の学識と豪放快活ともいうべき人物像に迫ります。